O'Connell **Press**

Über das Buch:

1589: Ein totes Mädchen wird am Ufer der Mümling aufgefunden. Die Leiche gibt Rätsel auf. Ihre Augen sind von schwarzen Punkten durchzogen. Ist das Dorf im Odenwald in den Bann von Dämonen geraten?
Jonathan, Sohn des Gutsbesitzers Julius, begegnet am Fluss einer unheimlichen Gestalt, die für immer sein Leben verändern wird.
10 Jahre später versetzt ein grauenvolles Ritual die Menschen in Hoegst in Angst und Schrecken. Ausgesaugte Tierkadaver sind allerdings erst der Anfang.
Als die erste Menschenleiche aufgefunden wird, verbreitet sich das Gerücht, dass Genefe, die Hexe von Crumbach, lebt und auf Rache sinnt.

Über die Autorin:

Stefanie Bender ist Novemberkind des Jahres 1984 und wuchs im Rhein-Main-Gebiet auf, wo sie auch heute mit ihrer Familie lebt. Ihre Leidenschaft ist das Schreiben fantastischer und historischer Geschichten sowie das Verknüpfen verschiedener Genres. Gemeinsam mit ihrem Mann ist sie der metallischen Musik, dem Gesellschaftstanz und der Möchtegern-Fotografie erlegen.

STEFANIE BENDER

DIE HEXE VON CRUMBACH

Zwei Novellen

O'Connell Press

1. Auflage

Sie finden uns im Internet unter www.OConnellPress.de
Deutsche Erstausgabe 2015 by O'Connell Press, Weingarten

Titelillustration: © coka/ Shutterstock.com
Umschlaggestaltung: O'Connell Press
Datenkonvertierung: O'Connell Press

Bibliographische Information der Deutschen Nationalbibliothek:
Die Deutsche Nationalbibliothek verzeichnet diese Publikation in der Deutschen Nationalbibliographie; detaillierte bibliografische Daten sind im Internet über http://dnb.dnb.de abrufbar.

Herstellung: PRINT GROUP Sp. z o.o. (Booksfactory)
ISBN 9978-3-945227-28-2

Für meine TintenFässchenReicher

Inhalt

Das Todesmal

Herbst 1589, Crumbach/Odenwald

1. Das Mädchen im Fluss

Das Mädchen starrte ihn an. Stumm schrie es um Hilfe.

Bloß ein bleicher Körper, der auf der Mümling trieb und das Idyll des Crumbacher Flussufers zerstörte. Erst hatte Jonathan geglaubt, es handle sich um einen Baumstamm, der ins Wasser gestürzt sei und von der Strömung davongetragen wurde.

Er war ein Stück stromaufwärts gelaufen, dem *Stamm* entgegen, und ruckartig stehen geblieben, als er erkannt hatte: Kein schwimmendes Holz hatte seine Aufmerksamkeit erregt, sondern ein Kind, so wie er. Ein Mädchen in einem durchnässten Blümchenkleid, mit langen, braunen Haaren. Der Körper der Kleinen näherte sich dem niedrigen Wasserfall. Jonathan rief ihr zu, er wolle ihr helfen, sie ans Ufer ziehen. Nur ein Stück müsse sie ihm entgegen schwimmen, damit er sie packen könne. Doch sie schwamm nicht. Hatte sie ihn nicht gehört? Bewegungslos trieb sie an ihm vorbei. Mit wild klopfendem Herzen sah Jonathan ihr hinterher. Er sah feuchte Haarsträhnen, die an fahlen Wangen klebten und die offenen Augen, starr gen Himmel gerichtet.

Tot – das Mädchen war tot.

Die stummen Hilfeschreie aus seinem halb geöffneten Mund kamen zu spät.

Oh Gott!

Er musste Vater holen, er...

Er konnte den Blick nicht abwenden. Sie war so hübsch. Er stellte sich gerade vor, wie sie lachend, mit wehenden Haaren, über eine Wiese rannte, als der Kopf der Leiche ruckartig zur Seite kippte und ihn aus seinem Tagtraum riss.

Es waren keine gebrochenen Augen, die geistlos in die seinen blickten. Das Mädchen fixierte ihn. Jonathan stockte der Atem. Die Augen eines Dämons! Weiße Augäpfel, durchsetzt mit schwarzen Punkten. *Teufelswerk!* Gänsehaut überzog seine Arme, er schauderte.

»Hilfe!«, schrie er, obwohl er wusste, dass ihn niemand hören würde, nicht hier draußen.

Noch immer spürte er ihren Blick. Jonathan glaubte, dass sie ihm etwas sagen wollte, doch sie schwieg. Totenstille.

***

Jonathan schreckte hoch. Kerzengerade saß er in seinem Bett. Schweiß rann seine Wirbelsäule hinunter, während er verzweifelt versuchte, die Erinnerungen an das nahe Erlebnis zu verbannen. Es gelang ihm nicht. Eine Endlosschleife schauriger Bilder. Sicherlich waren die Male in den Augen nur ein Lichtspiel gewesen, eine Täuschung seiner Sinne. Hoffentlich fanden sie die Leiche. Er musste das Mädchen noch einmal sehen, ihm noch ein einziges Mal in die Augen schauen und sich davon überzeugen, dass ihm seine Fantasie einen Streich gespielt hatte.

Knarrend öffnete sich die Tür einen Spaltbreit. Der Junge regte sich nicht.

»Ich bin zurück«, vernahm er die Stimme seines Vaters. »Komm in die Wohnstube, wir haben zu reden.«

Wenn sie die Leiche nicht gefunden hatten, dann konnte er sich auf Ärger gefasst machen – großen Ärger, denn Vater hasste Lügen. Er hatte selten die Hand gegen ihn erhoben. Meist, das musste er sich eingestehen, war es nicht unverdient gewesen. Klara hingegen rührte er niemals an. Aus den Augen seiner kleinen Schwester lachte der Schalk. So ein feines, liebliches Gesicht und doch verbarg sich dahinter ein kleiner Drache. Sie brach Regeln, überhörte Verbote und erzählte Lügen. In diesen Momenten wurde Julius laut, schimpfte Klara aus und schickte sie für den Rest des Tages in ihre Kammer. Am Abend dann lag sie wieder in seinen Armen, um seinen Geschichten zu lauschen. Vater und Sohn waren sich nie so nahe gewesen. Hilde, seine Mutter, war anders. Sie liebte ihn bedingungslos. Genau das wünschte er sich von seinem Vater. Er erinnerte sich an ein Gespräch mit seiner Mutter.

»Warum nimmt Vater mich nicht auch in den Arm? Liebt er mich weniger als Klara?«, hatte er sie gefragt.

»Denk so etwas nicht, Jona. Es ist nicht seine Art, seinen Großen in die Arme zu schließen. Doch es bedeutet nicht, dass er dich weniger liebt als deine kleine Schwester.«

»Aber warum tut er es bei Klara?«

»Weil sie ein Mädchen ist«, hatte sie geantwortet.

»Du nimmst mich doch auch in den Arm. Und ich bin ein Junge.«

»Ja, Liebling, aber ich bin eine Frau.«

»Das verstehe ich nicht.«

»Doch, Jona, bald schon wirst du das verstehen; wenn du ein Mann bist.«

»Ein Mann wie Vater?«, hatte er wissen wollen.

Seine Mutter hatte gelächelt und den Kopf geschüttelt. »Nein, ein Mann wie du.«

Das Gespräch lag bereits vier Jahre zurück, zu einem Mann war er noch nicht geworden. Doch er versuchte alles, um in der Achtung seines Vaters zu steigen. Ob der Fund der Leiche etwas ändern konnte?

***

Sein Körper bebte – vor Wut, vor Enttäuschung. Bittere Tränen rannen über seine Wangen, doch sie glaubten ihm nicht. Für ihn war es das erschreckendste Ereignis seines Lebens gewesen, für seine Eltern nur das nächste Gaukelbild ihres verträumten Sohnes. Es war zwecklos, es erneut zu erzählen und darum zu betteln, dass sie ihm glaubten. *Was* er in den Augen des Mädchens gesehen hatte, behielt er für sich. Jetzt erst recht, es würde alles nur noch schlimmer machen. Trotzdem, das konnte er nicht auf sich sitzen lassen.

»Ihr müsst mir glauben, ich habe sie gesehen.«

»Ach, Jona. Das hast du dir eingebildet. Erst letzte Woche hast du ein Krokodil mit Flügeln am Flussufer entdeckt. Nichts anderes wird es heute gewesen sein.«

»Ja, aber ein totes Mädchen verwechsle ich doch nicht mit einem angeschwemmten Stamm!« Mit tränenerstickter Stimme schrie der Junge seine Mutter an. Wie konnte sie diese Dinge miteinander vergleichen?

»Nicht in diesem Ton«, schalt sein Vater mit drohender Hand. »Wir haben den ganzen Flusslauf bis hinunter nach Etzengesesse abgesucht. Nichts haben wir gefunden. Nicht einmal einen Ast. Geh mir aus den Augen, sonst vergesse ich mich. Heute gibt es kein Abendbrot für dich. Verschwinde in deine Kammer und denk darüber nach, was du angerichtet hast. Die halbe Dorfgemeinschaft war auf den Beinen dank deiner Hirngespinste.«

»Das waren keine Hirngespinste. Ich habe sie gesehen. Sie schwamm auf der Mümling. So etwas bilde ich mir nicht ein!«

»Schluss jetzt!« Eine herrische Geste ließ den Jungen kurz verstummen. »Ich will kein Wort mehr hören. Geh in dein Bett.«

»Aber Vater ...«

»Keine Widerrede.«

»Tu, was dein Vater gesagt hat«, befahl seine Mutter nachdrücklich.

Jonathan stand auf. Noch einmal suchte er seines Vaters Blick. Nichts außer maßloser Enttäuschung fand er darin. Der Junge senkte mutlos den Kopf.

Niemals würde er das Bild des leblosen, blassen Körpers vergessen. Vor allem nicht die Augen.

Jonathan hatte sich gerade abgewandt, als es klopfte und die Tür mit einem Ruck aufgerissen wurde.

»Julius! Du musst sofort mit mir kommen. Jakob und Vater haben am Flussufer eine Kinderleiche gefunden.«

Sein Vater fuhr auf.

»Wo?«, fragte er.

»Am Wasserfall«, antwortete Thomas.

Jonathan stand wie erstarrt in der Stube. Was hatte der Sohn des Müllers gerade gesagt? Sie hatten eine Leiche entdeckt, am Flussufer? Die Blicke von Vater und Sohn trafen sich.

»Ist das Kind ertrunken?«

»Das kann ich nicht sagen. Der Geistliche aus Hoegst ist bereits informiert. Jakob sagte, ich solle dich holen, bevor er eintrifft.«

Julius erhob sich. »Dann sollten wir sogleich gehen.« Auch Jonathan machte Anstalten sich ihnen anzuschließen. »Nein. Du bleibst hier bei Klara und deiner Mutter. Wir reden morgen.«

Jonathan wollte widersprechen, Hilde aber griff nach seinem Arm und zog ihn zu sich heran. »Geh schlafen, Jona, du willst doch nicht noch mehr Ärger machen?«

»Warum Ärger? Ich habe doch gar nicht gelogen. Bitte, ich möchte sie noch einmal sehen. Bitte Vater, bitte, lass mich mit euch kommen.«

»Warum nur möchtest du dir eine Kinderleiche noch einmal ansehen?«, fragte Hilde erschüttert, doch Jonathan reagierte nicht auf sie. Flehend sah er seinen Vater an, dessen Augen sich verengten. Seine Stirn lag in Zornesfalten. *Bis hierher und nicht weiter*, sprachen sie. Jonathan wandte sich ab.

Mit einem Kuss auf die Stirn seiner Frau verabschiedete sich der Gutsherr. »Wartet nicht auf mich«, sagte er, dann folgte er Thomas. Die Tür fiel ins Schloss. Das Licht der Laterne, das den Männern den Weg wies, verblasste nach und nach hinter der Fensterscheibe.

»Komm vom Fenster weg, Jonathan. Du kannst deinem Vater jetzt nicht helfen.« Seine Mutter strich ihm liebevoll über sein schulterlanges, pechschwarzes Haar. »Es ist Zeit fürs Bett, Jona. Schau, Klara ist schon auf ihrem Fell eingeschlafen, nimm sie mit hinauf.«

»Ihr habt mir nicht geglaubt«, flüsterte er.

»Ich weiß, mein Schatz. Das war ein Fehler. Und nun geh. Du hast deinen Vater gehört, wir reden morgen.«

***

An Schlaf war in dieser Nacht nicht zu denken. Jonathan wälzte sich unruhig von der einen auf die andere Seite. Gleichgültig, wie oft er die Kerze auf seinem Nachttisch anzündete und wieder löschte, das tote Mädchen wollte nicht verschwinden. Es hatte sich eingenistet in all sein Denken.

Vater hatte sich getäuscht; kein Tagtraum hatte ihn an der Nase herumgeführt. Ob er sie auch sah? Glänzende, schwarze Punkte – eine bizarre Verzierung in starren Augen. Jonathan schauderte. Er zog die Decke eng um seinen Körper. Um je wieder schlafen zu können, musste er sich davon überzeugen, dass die Male in den Augen des Mädchens Einbildung gewesen waren. Heimlich kletterte Jonathan aus seinem Fenster und folgte dem Mühlweg entlang der Mümling, hin zum kleinen Wasserfall.

***

Der Junge schlich im Schatten der ins Mondlicht getauchten Bäume. Endlich verließ er den Weg und erreichte das wilde Wasser. Der Müller, Thomas, Julius und Schankwirt Jakob standen im Halbkreis um die Mädchenleiche am Flussufer. Ihre Totenfahrt war durch die Flusssteine gestoppt worden, in denen sich ihr Körper verfangen hatte. Schwer lag das durchnässte Sommerkleid auf ihrer bleichen Haut. Die Männer blickten auf das Mädchen herab. Betretenes Schweigen hatte sich ausgebreitet. Konnten sie es sehen? Sah sein Vater, was auch er in ihren Augen gesehen hatte?

Jonathan trat aus dem Schatten der Bäume hervor. Um die Männer ungesehen beobachten zu können, huschte er hinter die dichten Hecken am Flussufer. Vorsichtig bog er das stachelige Astwerk auseinander. Jakob und Julius begannen erregt miteinander zu diskutierten, doch das Rauschen des Wasserfalls verschluckte ihre Worte. Händeringend lief sein Vater am Ufer auf und ab und kam Jonathans Versteck bedrohlich nahe. Sein Herz klopfte wild. Wenn Julius ihn entdeckte, hatte er mehr zu erwarten als ein paar Tage Stubenarrest.

Der Streit zwischen den beiden Männern übertönte bereits das Gurgeln des Wassers. Wortfetzen drangen an Jonathans Ohr. Bald schon, hörte er, sollte Pfarrer

Valentin eintreffen und im Namen der Hoegster Gemeindekirche den ungewöhnlichen Todesfall untersuchen. Sein Vater schien davon wenig begeistert zu sein.

Die Rücken der Männer, die sich wieder eng um die Leiche geschart hatten, verwehrten Jonathan einen Blick auf das Mädchen. Einerlei, ob er noch einen Schritt zurück oder zur Seite trat, es hatte keinen Zweck. Jetzt war der rechte Zeitpunkt zu verschwinden, bevor ihn jemand bemerkte. Leise, ohne sich umzudrehen, schlich er gebückt einige Meter flussabwärts und kurz nach der letzten Biegung zurück in die sicheren Schatten der Bäume.

Ein Schrei erstarb in seiner Kehle. Erstarrt vor Furcht, blieb er regungslos halb in der Hocke sitzen und beobachtete das gegenüberliegende Ufer. Eine hochgewachsene Gestalt, gehüllt in einen pechschwarzen Umhang, war aus dem Nichts erschienen und starrte ihn an. Die Kapuze des Überwurfes war tief in das Gesicht gezogen, doch Jonathan spürte den Blick des Fremden, der sich in seine Seele bohrte. Er wagte kaum zu atmen. Nicht einmal das Rauschen des Wassers nahm er noch wahr. Allein die Mümling trennte den Jungen von der unheimlichen Gestalt, die regungslos verharrte. Sekunden dehnten sich zur Ewigkeit. Seine Beine schmerzten, die Knie zitterten. Lange konnte er in dieser Haltung nicht mehr verweilen. Die Gestalt zeigte drohend auf den Jungen. Voller Entsetzen hörte er ihre verzerrte Stimme in seinem Kopf: »Du!« Jener Handrücken drehte sich nach unten, die Finger krampften sich zusammen und mit ihnen Jonathans Herz. Gepeinigt vom Schmerz, krümmte er sich auf dem Boden, seine Hände eng an seine Brust gepresst. Wie ein Kind im Mutterleib, lag er auf der feuchten Erde. Seine Augen brannten. Durch einen Tränenschleier nahm er kaum noch den Schemen der Gestalt auf der anderen Seite wahr. Er musste fort, sonst würde er sterben, er fühlte es. Mit der letzten Kraft, die er aufbringen konnte, wandte er sich ab und kroch tiefer in das Waldstück. Etwas in ihm schrie geradezu sich umzudrehen, um sich zu versichern, dass er sich den Fremden nur eingebildet hatte. Doch woher sollten sonst diese Schmerzen kommen? Das war kein Tagtraum, kein Hirngespinst, das alles passierte wirklich. Angsterfüllt sprang er auf und lief los, mitten durch das Unterholz. Die Schmerzen in seiner Brust zwangen ihn, sich immer wieder an den Stämmen der

Bäume abzustützen. Verschwommen sah er Lichter. Das Dorf war nahe. Jonathan rannte.

***

Unweit seines Elternhauses ließ er sich erschöpft an seinem Lieblingsplatz am Ufer der Mümling nieder. Zitternd blickte er sich um, doch der Fremde war ihm anscheinend nicht gefolgt.

Fackeln erhellten den sonst so heimischen Rückzugsort, der ihm heute keine Sicherheit bieten konnte. Jonathan hatte Angst. Was war nur mit seinen Augen los? Das Brennen hatte zwar nachgelassen, doch seine Welt blieb hinter einem Schleier verborgen. Er kniete sich ins Schilf, wo sich das Wasser zu einem Tümpel gestaut hatte. Der wolkenlose Himmel mit seinem hellen Vollmond schenkte ihm das nötige Licht, um sich in der spiegelnden Oberfläche des Wassers zu betrachten. Ein Schreck fuhr wie ein Blitz in seine Glieder. Das Bild, das er erblickte, war verzerrt. Immer wieder presste er die Lider zusammen, um das Gesehene verschwinden zu lassen. Doch es wollte nicht gelingen. Schwarze Flecken! Punkte, die das Weiß seiner Augen durchzogen. Jonathans Herz raste.

Nein! Nein, das konnte nicht sein. Einbildung, die er seiner verrückten Fantasie zu verdanken hatte. Ja, er hatte sich alles eingebildet. Den Verhüllten, die Schmerzen in seiner Brust und auch die Punkte. Diese verfluchten Punkte. »Weg, weg! Fort mit euch!«

Er formte seine Hände zu einer Schale. Immer und immer wieder schöpfte er Wasser in sein Gesicht. Es schmerzte, sich das kalte Nass in die Augen zu spritzen, doch die Flecken mussten verschwinden. Erneut schloss er die Lider, öffnete sie und – sein Herzschlag setzte für einen Moment aus. Die Punkte, sie waren noch da. Jonathan schrie.

Er schrie vor Verzweiflung und schlug seine Faust in den Tümpel. Kalte Tropfen trafen sein Gesicht. Immer wieder schlug Jonathan verzweifelt auf die Wasseroberfläche ein, als könne er die Punkte dadurch vertreiben. Er schlug so lange in das Nass, bis sein Hemd auf der Brust und die feuchten Haare an seiner Stirn klebten. Als sich das Gewässer beruhigt hatte, sah er ein letztes Mal hinein. Er sah sie, Punkte, durch das Wasser zu größeren Flecken verzerrt, die ... sich langsam auflösten. Sie verblassten in Sekundenschnelle und mit ihrem Verschwinden lichtete sich der brennende Schleier. Minutenlang blieb Jonathan im Gras sitzen und schaute zu, wie sich seine Tränen mit dem Wasser des Tümpels mischten.

2. Der Verhüllte

Schon früh hatte Jonathan Gefallen daran gefunden, sich heimlich in der Nacht aus seinem Zimmer zu stehlen. Allein am Flussufer, wo er den Abendhimmel betrachtete, konnte er sich entspannen. Hier gab es niemanden, der ihn pausenlos zurechtwies. Von seinem Zimmer aus war es ein Leichtes, das Haus unbemerkt zu verlassen. Meist stand der Heuwagen direkt unter seinem Fenster. Ein Sprung genügte, um ins Freie zu gelangen. Lediglich die Rückkehr ins Haus erforderte ein wenig Anstrengung. Von der Kante des Heuwagens aus brauchte es einen entschlossenen Satz, um den Sims des offen stehenden Fensters zu erreichen, von wo aus er sich in seine Kammer ziehen konnte. An den Abenden, an denen der Wagen in der Scheune untergebracht war, erreichte Jonathan seine Kammer über den Apfelbaum. Die dicken Äste waren stabil und trugen ihn mühelos.

Heute hatte er Glück. Der Heuwagen stand direkt unter seinem Fenster. Er hechtete hinauf, zog sich stöhnend am Steinvorsprung nach oben und durch das Fenster hinein.

»Ich hätte wissen müssen, dass du ihm folgst.«

Erschrocken fuhr der Junge herum. Es war die Stimme seiner Mutter. Jonathan presste die Lider zusammen, um sich schneller an die Dunkelheit in seiner Kammer zu gewöhnen.

Hilde saß auf der Bettkante, die Hände im Schoß gefaltet.

»Seit wann sitzt du hier, Mutter?«

»Ich warte schon lange. Wie immer, wenn du auf deine nächtlichen Reisen gehst.«

»Wie immer?« Jonathan war geschockt.

»Nicht so laut. Klara schläft.«

Jonathans Blick weilte kurz auf seiner Schwester, die in ihrem Bett lag und leise schnarchte.

»Hat sie mich verraten?«, flüsterte er.

Hilde schüttelte den Kopf.

»Ich warte immer auf dich. Bevor du durch dein Fenster heimkehrst, gehe ich. Ich will nur sichergehen, dass du gesund zurückkommst.«

»Warum hast du es mir nie verboten?«

»Hättest du das Verbot befolgt? Ich kann und will dich nicht einsperren. Und ich weiß, dass du nur wenige Meter vom Haus an der Mümling sitzt.«

Schweigend blickte der Junge zu Boden.

»Keine Angst«, antwortete sie auf seine unausgesprochene Frage, »ich habe Vater nie von deinen Ausflügen erzählt.«

Jonathan fiel ein Stein vom Herzen. Er setzte sich neben seine Mutter auf das Bett, umfasste ihre Hände und berichtete ihr, was er gesehen hatte. Nichts ließ er aus. Auch nicht die Begegnung mit dem Verhüllten oder die Punkte in seinen Augen. Eine Weile schwieg seine Mutter. Jonathan spürte ihre Hände in den seinen zittern.

»Was ist los?«, fragte er sie, doch Hilde antwortete nicht, entzündete stattdessen eine Kerze auf dem Nachttisch, ergriff Jonathans Kinn und hob sein Gesicht an.

»Ich sehe keine Punkte, Jona. Lediglich deine Pupillen mit der sie umgebenden, wie immer strahlend blauen Iris.«

»Da bin ich froh, Mutter. Ich will nicht sterben. Ich will keine Augen haben wie sie.«

»Das wirst du nicht, Jona. Das wirst du nicht.«

Sie trocknete mit einem Leinentuch seine Haare, zog ihm das nasse Hemd vom Leib, dann gab sie ihm einen Kuss auf die Stirn und deckte ihn zu. »Schlaf, mein Sohn. Morgen wird es dir besser gehen.«

Voller Sorge ruhte ihr Blick auf ihm, bevor sie mit hängenden Schultern hinausging und hinter sich die Tür schloss.

***

In dieser Nacht schlief Jonathan unruhig. Albträume verfolgten ihn. Er sah das Mädchen, wie es ans Ufer getrieben wurde. Er wollte zu ihm, doch in dem Moment, in dem er sich ihm näherte, richtete es sich auf. Schwerfällig bewegte es sich auf ihn zu. In den weit geöffneten Augen sah er die schwarzen Flecken. Sie tanzten und wuchsen. Ängstlich wich er zurück, Schritt für Schritt – fort von der *lebenden Leiche*. Plötzlich hob das Mädchen die Hand. Es riss den Mund auf und schrie. Ein tonloser Schrei, quälend in Jonathans Kopf. Er wusste sofort, was geschehen war. Der Verhüllte, er stand direkt hinter ihm.

Der Schrei blieb nicht länger stumm. Schrill und laut stieg er die Kehle hinauf. Jonathan schreckte aus dem Schlaf hoch. Mit einem leisen Stöhnen öffnete er seine im Schlaf zu Fäusten geballten Hände. Er fühlte die schmerzhaften Rillen, wo sich seine Nägel in die Handflächen gebohrt hatten.

Auf einmal bemerkte er die Gestalt, die sich an sein Bett heranpirschte. Klara drückte ihre Puppe eng an ihre Brust.

»Jonathan?«, fragte sie leise. »Ich habe Angst, du hast so laut geschrien.«

»Habe ich dich geweckt? Das tut mir leid. Hab keine Angst. Komm her.«

Seine kleine Schwester kletterte auf sein Bett und kuschelte sich an ihn.

»Hast du geträumt?«

»Ja. Aber der Traum ist vorbei, jetzt ist alles wieder gut.«

»Darf ich dir ein Geheimnis verraten?«, fragte Klara.

Jonathan lachte. »Natürlich darfst du das. Was hat Nora diesmal wieder angestellt?«

»Nichts hat sie angestellt. Sie hat jemanden gesehen. Einen bösen Menschen. Und jetzt hat sie Angst.«

»Einen bösen Menschen?«

»Er hat einen langen, schwarzen Umhang. Und die Kapuze verdeckt sein Gesicht. Nur böse Menschen verstecken ihr Gesicht, nicht wahr, Jona?«

Ein Schauer durchfuhr Jonathan. Steif saß er auf dem Bett, Klara mit Puppe Nora in seinem Arm.

»Was ist, Jona? Müssen wir uns fürchten?«

»Wo hast du ihn gesehen?«

»Am Mühlweg. Wo ich immer spiele.«

»Wo war Mutter?«

»Sie hat Wäsche in der Mümling gewaschen, das weißt du doch, Jona.«

Er zuckte mit den Schultern. »Nora braucht keine Angst zu haben. Der Verhüllte ist bestimmt weitergezogen. Und du verschwindest jetzt in dein Bett, bevor Mutter dich erwischt.«

Klara gab ihrem großen Bruder einen Kuss auf die Wange. »Ich hab dich lieb, Jona«, sagte sie, bevor sie sich in das Bett auf der anderen Seite legte.

Jonathan fand keinen Schlaf mehr. Klara hatte ihn gesehen, er hatte ihn gesehen – und *gespürt*. Er musste mit seinem Vater reden. Diese Gestalt hatte höchstwahrscheinlich mit dem Tod des Mädchens zu tun.

***

Der Weg in die Wohnstube kostete Jonathan Kraft. Vor dem Aufstehen hatte er sich fest dazu entschlossen, seinem Vater alles zu erzählen. Die Angst vor dem Verhüllten überstieg die vor Vaters Hand. Jonathan wollte die Tür aufstoßen, als er Vaters Stimme vernahm.

»Was sagst du da, Hilde? Jona dachte, er hätte schwarze Punkte in den Augen?«

»Ja, ich war gestern Nacht noch einmal bei ihm und wir haben lange geredet.«

Als Jonathan Hildes Worte vernahm, verkrampfte sich sein Magen. Jetzt würde Vater aus ihrem Mund von seinen nächtlichen Ausflügen erfahren.

»Wie bitte? Warum erzählst du mir das erst jetzt?«

»Julius, du warst noch nicht zuhause, wie so oft in letzter Zeit.« Etwas Bitteres schwang in Hildes Stimme mit. »Nach all der Aufregung hat mich die Müdigkeit wohl übermannt und ich bin eingeschlafen, bevor du zurück warst. Was hättest du auch unternommen, nachts?«

»Ich weiß es nicht«, gab Julius zu. »Ich weiß nur eines: Auch dieses tote Mädchen hatte schwarze Punkte in den Augen. Seine Pupillen waren verschwunden und das Weiß der Augäpfel war mit Flecken übersät. Seine Augen sahen genauso furchterregend aus wie die des kleinen Philips.«

Wovon sprach sein Vater da? Was war mit Philip? Vorsichtig drückte Jonathan sein Ohr an die Holztür.

»Es war also keine Krankheit, sondern Mord?«

»Alles spricht dafür. Inzwischen haben die Untersuchungen ergeben, dass sich nicht einmal unser Heiler erklären kann, welche Krankheit solche Male hinterlassen könnte. Die Augen, Hilde, diese Augen ... Ich wusste schon, dass ich Philips Anblick nie vergessen würde, doch der gestrige Abend taucht alles in düstere Schemen.« Er schnaufte laut. »Und wenn ich mir vorstelle, mein eigener Sohn... « Seine Stimme brach ab.

»Weiß man schon, wer dieses fremde Mädchen war?«, fragte Hilde.

»Nein, noch nicht. Wir haben Nachricht nach Koniche und Michelstadt gegeben. Doch bisher hat sich niemand gemeldet, der das Mädchen kannte.«

»Ich werde Klara und Jona nicht mehr vor die Türe lassen und muss hoffen, dass Jona nicht bereits den Tod in sich trägt. Was sollen wir bloß tun?«

Es wurde still in der Stube. Jonathan presste sein Ohr noch fester an die Tür. Dann hörte er Julius flüstern: »Beruhige dich. Ich bin mir sicher, dass das Erlebnis mit der Kinderleiche zu viel für ihn gewesen ist und er fantasiert hat. Wahrscheinlich hat er vor ein paar Tagen unser Gespräch mitbekommen, in dem ich dir von dem Todesmal berichtet habe. Du weißt doch, wie schnell er Realität und Traum durcheinanderbringt.«

»Ich glaube nicht, dass er fantasiert hat, Julius.« Hildes Stimme zitterte. »Er sagte etwas von einem Verhüllten, der ihm lediglich mit einer Geste Schmerzen zugefügt haben soll.« Hilde machte eine Pause, dann überlegte sie laut: »Das spricht vielmehr dafür, dass tatsächlich ein Mörder da draußen ist. Aber wer könnte nur zu solchen Taten imstande sein?«

»Ich weiß es nicht, Liebste. Doch ich werde alles dafür tun, denjenigen zur Strecke zu bringen, der Crumbach das antut.«

»Schwarzer Zauber.«

»Pscht«, machte Julius. »Benutze diese Worte nicht. Du weißt genau, wie sensibel damit umgegangen wird. Wir haben schon gestern nach Pfarrer Valentin von Hoegst geschickt. Wir sollten ab jetzt sehr vorsichtig sein, welche Worte wir wählen. Du kennst ihn gut, den Einfluss der Kirche.«

»Warum habt ihr ihn dann rufen lassen?«

»Die Crumbacher vertrauen mir, wie du weißt. Sie hören auf mich, doch auch als Gutsherr und Dorfmeister habe ich nicht genug Macht und kann nicht alleine mit ein paar Bauern einen Mörder überführen. Außerdem kann Valentin sehr verschwiegen sein, wenn es darauf ankommt.«

***

Julius begab sich am späten Nachmittag auf den Weg zur Ortsschenke. Zu Hause durfte er keine Schwäche zeigen – vor seiner Frau und den Kindern. Er wollte stets der Mann und Vater sein, der alles unter Kontrolle hatte, alles zum Guten wandte. An Tagen wie diesem brachte ihn jene selbst auferlegte Bürde an seine Grenzen. Er musste fort – nur für eine Weile –, um Luft zu holen. Die zwei Morde jagten ihm mehr Furcht ein, als er sich eingestehen wollte. Im Gegensatz zu Philip, den er wie seinen eigenen Sohn geliebt hatte, gab es zwischen ihm und dem toten Mädchen keine Verbindung. Trotz allem war es ein Kind und der Mörder lief noch frei herum. Vielleicht sogar in Crumbach. Niemand kannte die Eltern des Mädchens, niemand wusste, wo sie lebten und wie sehr sie sich sorgten. Er musste sich von diesen Gedanken lösen.

Julius betrat den Gastraum zu Jakobs Schenke. Er hoffte inständig, nicht auf Veit zu treffen. Philips Vater war seit dem Tod des Sohnes nicht mehr derselbe. Der Verlust hatte ihn verändert. Meist saß er apathisch an der Theke und schaffte es gerade noch, den Weinbecher an die Lippen zu setzen und zu schlucken. Was erwartete man auch von einem Vater, dem gerade erst der Sohn genommen worden war? Julius hatte Glück, Veit war nicht da. Er setzte sich an den runden Tisch in der Mitte des Raums.

Jakob trat zu ihm und schob seinem Freund einen gefüllten Becher Rotwein unter die Nase. »Hat der Pfaffe gesagt, woran das Mädchen gestorben ist?«

Julius nahm einen kräftigen Schluck der roten Flüssigkeit. Der Alkohol füllte angenehm wärmend seinen Magen. »Nein, noch nicht. Sicher aber ist: Sie ist weder ertrunken noch weist ihr Körper Spuren einer Gewalttat auf. Alles, aber auch alles, ist so wie bei dem kleinen Philip. Du hast es selbst gesehen, Jakob, auch das Mädchen hatte die Flecken in den Augen.«

»*Den Tod in den Augen*, Julius! Das grenzt an Hexerei. Etwas stimmt hier nicht. Manche glauben noch immer an eine Krankheit. *Pah!* Ich habe bereits zwei mögliche Täter in Verdacht.«

»Wirklich? Und wen? Sag es mir.«

Jakob sah sich in der Schenke um. Die Gäste waren in Gespräche vertieft oder starrten in ihre Weinbecher. Ein junger Mann bettete seinen Kopf auf die Arme und schlief seinen Rausch aus. »Eine der beiden Mutmaßungen halte ich lieber noch zurück, doch hast du schon einmal darüber nachgedacht, warum der Müllersohn bei beiden Leichenfunden auftauchte?«, fragte er.

»Thomas? Du bist ein Narr, Jakob. Ich kenne Thomas schon seit seiner Geburt und ...«

»Er hat Philip gefunden und später ...«

»... das Mädchen hast *du* gemeinsam mit dem alten Müller gefunden«, fiel ihm Julius ins Wort.

»Aber Thomas war in der Nähe. Wie sonst hätte er so schnell bei uns sein können?«

»Ja, das ist wirklich *sehr* verdächtig.«

Jakob gab einen grunzenden Laut von sich und verschwand hinter der Theke. Julius geriet ins Grübeln. War es möglich, dass ein Mann aus dem Dorf solch grausame Taten verübte? Oder einer aus dem nahen Etzengesesse? Oder aus Hoegst? Es konnte sich um ein Gift handeln, das der Mörder den Kindern verabreichte. Ja, eine giftige Substanz konnte die Veränderung des Augapfels erklären. Julius vergrub das

Gesicht in den Händen. Ein mit Gift hantierender Bauer aus Crumbach? Niemals. Vielleicht jemand aus dem wandernden Volk? Schon am Morgen nach dem Fund hörte man die Crumbacher munkeln. Von Hexen und falschen Heilern wurde da geredet. Es gab keine Anhaltspunkte. Theorien, nichts weiter. Schon bald würde die Hoegster Kirche ihre Aufmerksamkeit auf die kleine Gemeinde an der Mümling richten. So schnell konnte aus einem friedlichen Dorf eine Zielscheibe werden.

***

Thomas polterte in den Raum und kam mit rudernden Armen vor Julius zum Stehen.

»Julius, ich brauche deine Hilfe!«

»Was ist passiert, Thomas?«

Der junge Mann hielt sich außer Atem am Tisch fest. Julius griff ihm stützend unter die Achseln und zog ihn auf einen Stuhl.

»Nein, nein. Keine Pause. Komm mit. Rasch.«

»Thomas, sieh mich an. Beruhige dich.«

Julius inspizierte kurz den Schankraum und stellte fest, dass er sich geleert hatte. Lediglich Hubertus, dessen gläserner Blick sich auf den Inhalt seines Bechers beschränkte und der schnarchende Jüngling waren übrig geblieben. Jakob kam mit einem Becher Wein auf Thomas zu.

»Trink, Junge. Ein großer Schluck und dir geht es gleich viel besser.«

Thomas leerte den Becher in einem Zug.

»Und jetzt erzähl.«

»An der Uferschleife. Ein Junge. Er ist tot.«

»Was?«, schrie Jakob Thomas an. »Du redest wirres Zeug.«

»Nein, nein. Ich hab ihn da liegen sehen. Die Augen aufgerissen und ...«

Julius' und Jakobs Blicke trafen sich. Der Wirt zog die Augenbrauen hoch.

»Hast du in seine Augen geschaut?«, fragte Julius den Sohn des Müllers.

Thomas nickte.

»Was hast du gesehen?«

Der Bursche schwieg. Nur seine Tränen gaben Julius die befürchtete Antwort.

***

Julius half Thomas auf die Beine. »Los, lasst uns gehen«, forderte er den Jungen und Jakob auf.

Jakob verneinte: »Ich bleibe hier. Habe noch Gäste, wie du siehst. Halte mich auf dem Laufenden.« Julius nickte und machte sich mit dem Müllersjungen auf den Weg.

»Hast du schon in Hoegst Bescheid gegeben?«, frage Julius seinen Begleiter.

»Nein, ich dachte, es wäre sinnvoll, dass du es dir alleine anschaust. Außerdem ist mir dieser Valentin nicht geheuer.«

»Hast du dich den ganzen Tag am Ufer aufgehalten?«

»Nein. Vormittags helfe ich Vater, erst nachmittags gehe ich angeln. Immer an einer anderen Stelle, damit die Fische nicht wissen, wo ich bin.«

Julius klopfte dem Jungen auf die Schulter. »Das ist ein guter Trick.« Jakob irrte sich. Dieser junge Müller konnte alles sein, aber kein Kindermörder.

***

Der tote Junge lag auf dem Rücken, den Blick starr gen Himmel gerichtet.

»Siehst du seine Augen? Genau das Gleiche wie ... Siehst du es, Julius?«

»Ja, ich sehe es, Thomas. Beruhige dich und sei leise.«

Julius ging vor dem toten Jungen in die Knie. Er konnte es nicht verstehen. Was ging hier vor? Ein junger, gesunder Mensch. Es gab kein einziges Anzeichen äußerlicher Gewalteinwirkung, nichts, das eine Gegenwehr bewiesen hätte. Alles deutete darauf hin, dass dieser Junge, den Julius als Kristian identifizierte, einfach umgefallen war.

»Ich weiß, was du dich fragst«, begann Thomas im Flüsterton. »Vielleicht gibt es keinen Mörder.«

»Doch eine Krankheit? Dann müssten wir uns vorsehen. Schnell kann eine Seuche ausbrechen. Doch kein Erwachsener hat bislang Anzeichen oder ist gar gestorben. Eine Kinderkrankheit? Wann hast du Kristian das letzte Mal lebend gesehen?«

»Ich weiß es nicht. Seit ich Vater bei der Arbeit helfe, komme ich kaum noch in den Ort. Es ist bestimmt schon einige Wochen her. Aber das ist jetzt auch egal. Julius, ich glaube nicht an eine Krankheit oder einen gewöhnlichen Mord. Vielleicht ... vielleicht war es schwarze Magie.«

Julius starrte seinen jungen Freund verstört an.

»Ich meine, in diesem Dorf wurde vor Jahren schon einmal eine Hexe davongejagt.«

Julius spürte seinen Pulsschlag. Sein Magen krampfte sich zusammen. Seine Finger begannen zu zittern – vor Wut.

»Das ist Jahre her. Du warst noch ein Kind. Und jetzt Schluss mit dem Unfug!«, befahl er.

»Ich weiß. Erinnern kann ich mich nicht. Aber ich lauschte den Erzählungen über die Hexe.«

»Höre nicht immer auf das, was gesagt wird. Meist werden die erlebten Geschichten zu fantasievollen Mythen. Über die Macht der *Hexe* wussten wir nicht viel, nur, dass sie uns gefährlich werden konnte. Sie war nicht mehr die Frau, die ich einst zu kennen geglaubt hatte. Sie war mir fremd geworden. Wir verjagten sie, weil sie anders war – anders als wir.«

Julius' Augen begannen zu glänzen. Es fiel ihm schwer, die Tränen zurückzuhalten. Nicht hier, nicht vor dem Jungen.

»Ach, Julius, lange ist es her. Ihr habt die falsche Entscheidung getroffen. Ihr habt sie verschont und Gnade walten lassen. Verbrennen hättet ihr sie müssen. In Hoegst, auf dem Scheiterhaufen.«

»Was willst du damit sagen?« Was redete Thomas für einen Unsinn? Er hatte weder das Recht über sie zu reden geschweige denn zu urteilen.

»Schon gut, Julius. Lassen wir die Vergangenheit ruhen.« Thomas blickte auf den toten Jungenkörper hinab. »Was machen wir jetzt mit ihm?«, fragte er.

»Wir sollten Hoegst auch von diesem Fund unterrichten. Es muss endlich etwas passieren«.

»Spart Euch die Nachricht, Julius.«

Erschrocken fuhren die Männer herum. Eine hochgewachsene Person, gekleidet in einen schwarzen Mantel, trat leise heran. Sie trug eine zuckerhutförmige Kopfbedeckung und ein dunkles Tuch, das lose um den Hals gebunden und mit wenigen grauen Kreuzen bestickt war. Ihre Füße steckten in bis zu den Fußbeugen reichenden Sandalen. Julius erkannte den alten Mann sofort.

»Valentin, Ihr hier?« Julius und Thomas verneigten sich knapp vor dem Geistlichen.

»Ihr seid überrascht mich zu sehen?«

»Gewiss. Ich vernahm, Ihr wäret nach Hoegst zurückgekehrt.«

»Doch wie es aussieht, ist meine Person hier noch vonnöten. Eine weitere Leiche?«

»Ja, Valentin. Das nächste tote Kind. Wieder ein Crumbacher Junge. Die Situation bereitet uns große Furcht. Habt Ihr schon eine Vermutung hinsichtlich der Todesursache?«

Der Pfarrer beachtete den Gutsherrn nicht. Gemächlich ging er an ihm vorbei. Mit gefalteten Händen trat er an die Leiche. Er begutachtete sie kurz, ohne sich auch nur ein Stück hinunterzubeugen. Sein Mund verzog sich voller Abscheu.

»Vermutlich eine Krankheit. Nichts weiter. Hat sich bereits ein Arzt der Sache angenommen?«

Julius schüttelte den Kopf: »Nein, und da wir nach dem Fund der Mädchenleiche sicher sind, dass ...«

»Ich lasse einen meiner Kirche vertrauten Arzt nach Crumbach kommen. In ein paar Tagen ist es ausgestanden«, unterbrach der Geistliche Julius, während er sich wieder abwandte.

»Mehr habt Ihr dazu nicht zu sagen?«, fuhr Thomas ihn an.

»Thomas!«, entfuhr es Julius.

»Nein, junger Mann. Mehr habe ich dazu nicht zu sagen. Es war ein krankes Kind, noch dazu eines, das den Gottesdiensten unregelmäßig beigewohnt hat. Gott hat es offensichtlich für nötig gehalten, es zu sich zu holen. Und Gottes Wege sind bekanntlich unergründlich.«

Bevor Thomas erneut die Stimme erheben konnte, packte Julius ihn am Arm. Sein Griff sagte mehr als Worte. Thomas schwieg.

***

Die Enge seines Zimmers nahm Jonathan die Luft zum Atmen. Er musste hinaus. Was er gehört hatte, schockierte ihn zutiefst. Philip war tot. Sie hatten sich oft zum Spielen getroffen, waren auf das Apfelbaumfeld geschlichen, in die Kronen der Bäume geklettert und hatten so lange von den süßen Äpfeln genascht, bis Bauer Hans sie davongejagt hatte. Nie wieder würden sie das tun. Wie lange hätte Vater ihm den Tod seines Freundes noch verschwiegen? Jonathan sah aus dem Fenster. Es war noch früh am Morgen und Klara und Hilde hielten sich in der Wohnstube auf. Sein Herz schlug schneller, als er überlegte, nach draußen zu gehen, dorthin, wo der Verhüllte vielleicht noch lauerte. Andererseits war Jonathan sicher: Wenn der Fremde ihn hätte umbringen wollen, dann hätte er es auch getan. So, wie er es bei Philip getan hatte. *Philip.* In seinem Innern wuchsen Enttäuschung und Trauer zu einem fremdartigen Schmerz heran. Er würde seinen Freund niemals wiedersehen. Wie hatte Vater das nur vor ihm verheimlichen können? War dies der Grund gewesen, warum er ihn an den letzten Tagen dazu verdonnert hatte, der Nachbarin in der Scheune zur Hand zu gehen? Eine Frage nach der anderen beschäftigte den Jungen, der vor Wut die Zähne aufeinanderbiss und die Fäuste im Schoss ballte. Mutter hatte Vater von seinem Zusammentreffen mit dem Verhüllten erzählt, doch Vater war seither nicht zu ihm gekommen, um mit ihm darüber zu reden oder ihm gar Trost zu spenden.

Ungeachtet der Gefahr, die sich dort draußen zwischen den Bäumen verbarg, nahm Jonathan den Weg durch das Waldstück, hin zum Wasserfall der Mümling. Am vergangenen Abend war erneut eine Kinderleiche gefunden worden. Kristian. Kein Freund wie Philip, doch er hatte ihn gekannt.

Ein Schatten huschte an ihm vorbei. Jonathan horchte auf. Ein Lächeln stahl sich auf seine Lippen, als er glaubte, ihre Silhouette im Augenwinkel zu erkennen. »Klara, du sollst mir doch nicht immer nachlaufen.«

»Ich bin nicht Klara.«

Jonathan drehte sich um und blickte in das verhüllte Gesicht.

»Ich will dir nichts tun«, sprach die Gestalt, bevor Jonathan reagieren konnte.

Diese Stimme, sie war so fremdartig. Verzerrt und gleichzeitig dumpf, als ob sie aus einem tiefen Abgrund dränge. Jonathan glaubte, sie schon einmal vernommen zu haben. Furcht packte ihn. Er musste fort. Rennen, so schnell und so weit es ging. Doch der Mörder würde ihm folgen, denn diesmal trennte sie kein Fluss voneinander.

»Wer bist du?«, fragte er ablenkend, während er mit unmerklich kleinen Schritten davonschlich.

»Glaubst du an schwarze Magie, Jonathan?«

»Woher kennst du meinen Namen?«

»Du warst es!«, schrie Jonathan die Gestalt an. »Du hast sie alle umgebracht!«

»Ja, das habe ich.«

»Und jetzt willst du auch mich töten.« Seine Stimme war zu einem Flüstern geworden.

»Nein, ...«

Ein Rascheln ließ den Verhüllten innehalten. Er griff nach Jonathans Schulter und zog ihn nah an sich. »Schau dich nicht um, der Tod geht um. Mein Werk ist noch nicht beendet, sag das deinem Vater.«

Das Rascheln kam näher und der Verhüllte verschwand.

***

»Jonathan! Was machst du hier? Hat dir Mutter nicht verboten, das Haus zu verlassen?«

Verstört blickte Jonathan zu seinem Vater empor. Seine Lippen bebten. Er wollte nicht weinen, nicht vor seinem Vater. Aber die Angst siegte. Der Junge drückte sich an Julius' Brust. Seine Beine gaben nach, er sank zu Boden.

»Um Himmels willen, Jona. Was ist denn nur passiert?« Julius nahm seinen Sohn auf den Arm – wie ein kleines Kind, das er vor wenigen Jahren noch gewesen war

– und trug ihn nach Hause. In seinen Armen schlief er ein. Julius hatte viele Fragen an seinen Sohn, doch er ließ ihn ruhen.

***

Entlang der Mümling war es still geworden. Der Lärm der auf den Straßen spielenden Kinder war verstummt. Eine lähmende Angst herrschte im Ort. Eltern versperrten Fenster und Türen. Nur wenige kinderlose Crumbacher verließen noch ihre sicheren vier Wände, um ihrer Arbeit nachzugehen oder in der Schenke ihre Sorgen zu betäuben. Noch war nicht sicher, ob ein Mörder oder eine Krankheit ihre Kinder bedrohte, doch eins wussten sie: Die Gefahr lauerte irgendwo dort draußen.

Auch an diesem Nachmittag führte Julius' Weg ein weiteres Mal in die Weinschenke.

»Trink«, sprach Jakob, »geht heute aufs Haus«.

Julius nickte dankbar. Er umfasste den Becher mit seinen Händen und stierte gedankenverloren vor sich hin.

»Wie geht es Jonathan?«, fragte Jakob.

»Du weißt, was inzwischen geschehen ist?«

»Die Nachrichten verbreiten sich schnell in Crumbach.«

Julius schnaufte. Die Krallen der Verzweiflung gruben sich tief in sein Herz. »Jakob, ich weiß einfach nicht, was ich machen soll. Der Pfarrer hat es mit einer Art Kinderkrankheit abgetan. Er will einen Arzt kommen lassen. Sie wachen wohl erst auf, wenn auch Hoegster Kinder tot am Ufer liegen.«

»Wir haben einen Verdächtigen«, flüsterte ihm der Wirt zu.

»Ich weiß, aber ich kann dir versichern: Thomas war es nicht. Er war völlig aufgelöst. Er hatte Angst und ... er war es nicht. Nie im Leben.«

»Ich meine nicht den Müllersbub. Es war jemand anders.«

»Und warum erfahre ich erst jetzt von diesem Verdacht? Du hast zuvor nur den Jungen erwähnt.«

»Ich habe dir gesagt, dass ich zwei Personen in Verdacht habe. Du hast dich nicht weiter dafür interessiert.«

»Ich hatte andere Probleme, wie du sicherlich noch weißt.«

»Es war Valentin«, fuhr Jakob fort, um den aufkommenden Streit nicht weiter zu schüren.

»Der Pfaffe? Wie kommst du auf so einen Blödsinn? Wie soll er sie getötet haben? *Mit seinem bösen Blick?*«

»Ach, Julius, auch dir ist sicherlich schon das Gerücht zu Ohren gekommen, dass Valentin Kinder nur mag, wenn sie ihm ins Bett folgen.«

»Verflucht, sei still!«

»Nein, bin ich nicht. Er war es ganz bestimmt. Die Opfer, diese Kinder, sind gewiss in sein Netz geraten. Bevor die Falle jedoch zuschnappen konnte, flohen sie. Mit ihrem Tod geht der Pfaffe auf Nummer sicher.«

»Veit ist mit Philip weder nach Hoegst in die Kirche noch in die Bergkirche gegangen, soweit ich weiß. Es gab keinen Kontakt zwischen den beiden. Nein, dieser Verdacht ist Unfug. Außerdem, wie erklärst du dir die Punkte?«

»Ein Pfaffe, der sich schwarzer Hexerei bedient, das gab es schon. Ich sag es dir, Julius, alter Kumpel, Engel und Teufel geben sich ab und an die Hand.«

»Diese Gerüchte dürfen nicht verbreitet werden, hörst du? Ich will nichts mehr davon hören. Du bringst uns alle in große Gefahr. Hast du denn niemals darüber nachgedacht, was passiert, wenn diese Geschichten die Hoegster Kirche erreichen oder gar Valentin selbst? Der wird dich eigenhändig zum Schweigen bringen.«

Ein Schrei ließ sie zusammenzucken.

»Margot!«, rief Jakob. »Das war meine Frau!«

Der Gastwirt sprang auf. Julius folgte ihm, fegte dabei mit der Hand seinen Becher zu Boden, wo er in tausend Scherben zerschellte. Gemeinsam rannten sie die Treppe zu Jakobs Wohnung hinauf. Ein grauenvolles Bild bot sich ihnen hinter der Tür: Margot kniete auf dem Boden, in ihren Armen ein kleiner, starrer Körper.

»Nein ... nein!«, schrie Jakob, während er auf die Knie sank. Er bettete den Kopf seiner toten Tochter in seinen Schoß. Liebevoll strich er ihr über die fahle Wange. Sein Körper bebte. Vorsichtig, als könne er ihr noch Schmerzen zufügen, schloss er Lisa die Augen. »Ich kann die schwarzen Punkte nicht ertragen«, schluchzte er. Margot saß wie versteinert neben Jakob und dem schlaffen Körper ihres einzigen Kindes. Plötzlich zuckte ihr Blick hinauf und traf den von Julius.

»Sie ist wieder da«, brachte sie zwischen den zitternden Lippen hervor.

»Wer, Margot? Wer ist wieder da?«, fragte er die weinende Frau.

»Die Hexe! Ich habe sie gesehen. Sie war in diesem Zimmer. Sie hätte brennen müssen. Sterben müssen hätte sie. Aber du hast dafür gesorgt, dass sie am Leben blieb! Lisas Tod ist *deine Schuld!* Verflucht seist du, Julius, Gutsherr von Crumbach. Die Hexe soll *dich* holen!«

Die Anschuldigung traf ihn wie ein Schlag ins Gesicht. Er versuchte, seine Fassung zu wahren.

»Bist du dir sicher? Was genau hast du gesehen?«, hakte er nach.

»Eine … eine Gestalt, groß und schlank. Sie …« Margot stützte ihr Gesicht in die linke Hand, ihre rechte berührte ihre Tochter, als könne Lisa ihr Kraft geben. Als Margot Luft holte, vibrierte ihr Atem. »Sie war in einen schwarzen Umhang gehüllt und floh durchs Fenster.«

»Und weiter? Hast du das Gesicht erkannt?«

»Nein. Verhüllt war es. Die Kapuze über die Augen gezogen.«

»Trug die Gestalt einen Schal, schwarz mit grauen Kreuzen?«

»Einen Schal oder ein Tuch mit Verzierungen darauf. Vielleicht Kreuze, vielleicht nicht. Was ist so wichtig daran? Nichts. Und jetzt verschwinde endlich! Finde die Mörderin meiner Tochter. Bring das zu Ende, was du einst nicht konntest, oder setze nie wieder einen Fuß in dieses Haus!«

Sie spie vor Julius' Füße.

»Aber Margot, das war nicht die Hexe. Bitte, hör mich an: Wenn ich irgendetwas für euch tun kann …?«

Nun hob auch Jakob seinen Kopf. Er sah seinen alten Freund durch einen Tränenschleier an. Durch all die Trauer hindurch spürte Julius den Groll, der in Jakob wütete – Groll gegen ihn. Es bedurfte keiner Worte. In diesem Moment wurde ihm klar, dass er nie wieder einen Krug Wein mit seinem Freund teilen würde.

3. Den Tod in den Augen

Julius stürmte zum Gutshof. Klara saß auf Mutters Schoß, als ihr Vater zur Tür hereinpolterte.

»Wo ist Jonathan?«, rief er.

Hilde setzte ihre Tochter auf den Boden und trat vor ihren Mann.

»Julius, warum bist du so aufgebracht?«

»Lisa ist tot«, brach es aus Julius heraus. Wut, Verzweiflung, Furcht – alles hatte sich in ihm aufgestaut.

»Was sagst du da?«

»Lisa ist tot. Wo ist mein Sohn?«

»Du beruhigst dich jetzt erst einmal. Vorher lasse ich dich nicht zu ihm. Dieser Verhüllte verfolgt ihn, sobald er die Augen schließt. Ich bin froh, dass er heute bereits eingeschlafen ist. Er war so erschöpft.«

Hilde nahm ihre Tochter auf den Arm.

»Margot hat ihn auch gesehen, in ihrer Wohnung. Doch sie glaubt, es sei eine Frau.«

Hilde kräuselte die Stirn.

»Margot scheint sich sicher zu sein, dass Genefe zurückgekehrt ist.«

Jegliche Farbe entwich aus Hildes Gesicht. Bevor ihre Beine nachgaben, setzte sie sich mit Klara auf einen Stuhl. Mit belegter Stimme flüsterte sie: »Die Hexe. Aber ... aber Julius, woran glaubst ... *du?*«

»Sie ist nicht zurückgekommen. Ich traue es ihr nicht zu. Ich habe seit heute Nachmittag einen ganz anderen Verdacht und dieser bereitet mir mehr Furcht, als sie es je getan hat.«

***

Die vertraute Stimme seines Vaters drang zu Jonathan in die vom Kerzenschein erleuchtete Kammer. Er konnte die Worte nicht verstehen, aber er hörte, dass Julius aufgebracht war. Bald darauf wurde es leise in der Stube, dann hörte er Vaters Schritte, bevor die Tür aufging. Julius kam herein und setzte sich auf die Kante des Bettes, in dem Jonathan lag und so tat, als würde er schlafen. Julius' Blick ruhte auf den schwarzen Haaren seines Sohnes.

»Jonathan? Ich weiß, dass du nicht schläfst.« Sein Sohn öffnete die Augen, setzte sich auf und lehnte sich an die Wand.

»Du musst mir erzählen, was du ...« Geschockt hielt Julius den Atem an.

»Vater ich weiß, dass Mutter dir von dem Verhüllten erzählt hat. Bitte sei nicht böse mit mir. Ich … ich habe ihn wiedergesehen. Heute Morgen am Fluss. Diesmal hat er mir aber nicht wehgetan.«

Hilde, die mit Klara an der Hand ins Zimmer trat, um ihren Sohn mit Wasser zu versorgen, ließ den gefüllten Becher fallen.

Sie schlug die Hände vor den Mund. »Oh, mein Gott, Julius! Du musst etwas tun. Unser Sohn! Er hat das Todesmal in den Augen!«

Jetzt erschrak auch Jonathan. Er verstand nicht sofort, was seine Eltern dermaßen schockierte. Das Todesmal in den Augen? Dann dämmerte es ihm: Sie waren wieder da!

»Die Punkte?«, fragte er erschüttert.

Seine Eltern nickten.

»Geht es dir gut?«, wollte Vater wissen. »Hast du Schmerzen?«

»Nein, nein, es geht mir gut. Ich bin nur ... müde. Meine Augen brennen diesmal nicht.«

»Mutter hat mir erzählt, was dir widerfahren ist; dass du die Punkte schon einmal in den Augen hattest.«

»Ja, an dem Tag, an dem ich das tote Mädchen gefunden habe. Sie verblassten schnell. Gott nimmt mich noch nicht zu sich, Vater«, sagte Jonathan.

»Es ist das Zeichen des Todes. Jedes Kind, das sterben musste, hatte dieses Mal in den Augen«, flüsterte Hilde mit tränenerstickter Stimme.

»Hexenwerk«, entfuhr es Julius. Er stand auf und ballte die Faust. »Ich will das Wort *Gott* nicht mehr hören! Gott, Kirche, Pfarrer – alles, was damit zu tun hat. Ich werde ihn umbringen. Dieser Mensch wird keine Gnade erwarten können. Kein Kind wird er mehr holen, kein einziges!«

»Liebster, beruhige dich. Bitte!« Hilde griff nach seinen Schultern, schüttelte ihn. »Bitte, nicht vor unserem Sohn. Sei besonnen mit deinen Verdächtigungen, egal, wen du im Sinn hast.«

Er befreite sich aus dem Griff seiner Frau und trat zurück an das Bett.

»Der Verhüllte, Jona, hat er ein Tuch getragen? Ein schwarzes, mit grauen Stickereien, die aussehen wie Kreuze?«

Jonathan überlegte konzentriert. Er sah den dunklen Umhang vor sich, die Kapuze und die Handschuhe, doch ein Tuch hatte er nicht gesehen. Aber war der Überwurf nicht mit etwas verziert gewesen?

»Ich weiß es nicht, Vater. Ich hatte so große Furcht.«

»Du musst nun ehrlich zu mir sein, egal, wie schwer es dir fällt.«

Jonathan nickte. Sein Vater machte ihm Angst.

»Du kennst Pfarrer Valentin, den Geistlichen, der zu uns in die Bergkirche kommt, um zu predigen?«

»Ja, Vater, ich kenne Valentin.«

»Bist du jemals nach dem Gottesdienst dortgeblieben, um an der Kinderstunde teilzunehmen?«

Hildes Augen weiteten sich. Sie legte eine Hand auf Julius' Schulter, doch er streifte sie ab.

»Nein, nie. Ich mag weder den Pfarrer noch die Bergkirche. Sie ist so düster und eng.«

Julius schloss die Augen und atmete tief durch. Entschlossen nahm er Hilde am Arm und wollte die Kammer gerade verlassen, als Jonathan sie zurückrief.

»Wartet, er hat mit mir geredet.«

»Der Verhüllte? Wann? Heute Morgen?«

»Ja, bevor du mich gefunden hast. Ich wollte es dir schon früher erzählen, doch du warst fort. Vater …« seine Stimme bebte. »Vater, er gab mir den Auftrag dir etwas auszurichten.« Überrascht sahen sich seine Eltern an.

»Er sagte: Schau dich nicht um, der Tod geht um, meine Rache ist noch nicht beendet.«

Stille legte sich wie ein Schatten über die kleine Familie. Jonathan sah die zitternden Hände seiner Mutter. Sie begann zu schluchzen und verließ mit Klara den Raum. In den Augen seines Vaters vermochte er nichts zu lesen.

»Glaubst du, der Pfarrer ist der Verhüllte?«, fragte er. »Hast du ihn in Verdacht?«

»Ich kann dir deine Frage noch nicht beantworten. Hör mir jetzt gut zu. Du musst mir etwas versprechen. Es ist sehr wichtig, ich will dich nicht verlieren.«

Wieder nickte der Junge. Tränen traten ihm in seine Augen. Warum hatte Julius Angst? Er durfte keine Angst haben, er war sein Vater.

»Gehe nicht aus dem Haus, Jona. Bleib immer in der Nähe von Mutter und Klara. Versprich es mir. Sollte er euch auflauern … Wenn er kommt, müsst ihr laufen. Hast du mich verstanden? Wenn er kommt, lauft, so schnell ihr könnt!«

***

Am nächsten Mittag war es still im Haus. Mutter und Klara ruhten zusammengekuschelt, während Vater sich mit einem Becher Wein in den hinteren Wohnraum an den Holztisch zurückgezogen hatte.

Jonathan hatte das Gefühl zu stürzen – in eine bodenlose, dunkle Schlucht. All die Überlegungen, die Verdächtigen, er konnte dem nicht mehr folgen.

Jonathan spürte eine Rastlosigkeit. Nervös sah er sich in der Kammer um, die er sich mit seiner kleinen Schwester teilen musste und die ihm auf einmal kleiner vorkam, enger, als würden sich die Wände langsam aber stetig aufeinander zubewegen. Hinaus, er musste hinaus. So leise wie möglich, kletterte er aus dem Fenster. Es zog ihn zu seinem Lieblingsplatz an der Mümling, wie so oft, wenn ihn große Sorgen plagten.

Jonathan setzte sich unweit des Mühlwegs ans Ufer des Flusses. In der Nacht hatte es geregnet. Die Mümling floss schnell und an einigen Stellen war sie über die Ufer getreten. Mit angezogenen Beinen blickte er starr auf den im Sonnenlicht glitzernden Fluss.

Tagträume verfingen sich in der Realität. Er sah das namenlose Mädchen an sich vorbeischwimmen, die dämonischen Augen auf ihn gerichtet. *Dämonisch.* Kein Wort war passender. Was sonst konnte es sein als schwarzer Zauber, der den Kindern das Leben nahm? Er hatte es am eigenen Leib verspürt. Der Verhüllte besaß die Macht, Schmerzen zuzufügen, ohne seine Opfer zu berühren. Allein bei dem Gedanken daran, krampfte sich sein Magen zusammen. Er spürte ein Stechen in seiner Brust. Schnell krabbelte er zum Wasser und schaute hinein. Keine Punkte. Nur ein verzerrtes Kindergesicht. Befreit sank er zurück ins Gras.

Als er die Augen schloss, beschlich ihn das seltsame Gefühl, er sei nicht allein. Angespannt lauschte er. Ein Rascheln im Gebüsch. Er fuhr herum. Dort stand er – der Verhüllte. Eine Welle der Panik toste durch seinen Körper. Eingemummt in seinen wallenden Umhang, verharrte der Fremde im Schein der Sonne. Keiner der beiden bewegte sich. Jonathan spähte in ein schwarzes Loch, wo das Gesicht durch die Kapuze verborgen blieb. Dann bemerkte er das Tuch. Ein längliches Stück Stoff, das wie eine giftige Schlange die Schultern bedeckte und sich allein durch die grauen Stickereien vom Umhang abhob. Graue Kreuze. Kreuze auf einem schwarzen Tuch.

Steif vor Angst saß er da. Diesmal würde ihn der Mörder nicht am Leben lassen. Er – Valentin – war ihm gefolgt, um sein tödliches Spiel fortzusetzen. *Seine Rache ist noch nicht beendet.*

Der Verhüllte beugte sich langsam zu Jonathan herunter. Ein Funkeln glitzerte in der Dunkelheit der Tarnung, bis der Verhüllte urplötzlich die Kapuze zurückschlug. Jonathans Welt fiel in sich zusammen. Ein anhaltendes Rauschen ergriff seine Sinne, während Übelkeit in ihm emporstieg. Durch das pfeifende Tosen drang eine Erinnerung, eine Stimme, die ihm befahl: »Wenn er kommt, müsst ihr laufen. Hast du mich verstanden? Wenn er kommt, lauft, so schnell ihr könnt!«

Wie hatte er diese Warnung und Vaters Verbot, das Haus zu verlassen, vergessen können? Er blickte unauffällig zu den Hecken hinüber. Hinter ihnen lag der Mühlweg und die sichere Zuflucht des elterlichen Gutshofs. Loslaufen, durch die Hecken springen und schreien. So laut es ging nach Hilfe rufen. Das war seine einzige Überlebenschance, denn nun kannte er es – das Gesicht des Mörders.

»Nicht«, zischte die Gestalt, die seinem Blick gefolgt war. Sie hob den Arm und wollte ihn fassen. Jonathan zuckte zurück.

»Nicht!«, rief sie diesmal laut, doch es war zu spät; Jonathans Füße rutschten auf dem matschigen Untergrund aus. Mit rudernden Armen stürzte er rücklings in den kalten Strom der Mümling. Jemand rief etwas, aber das Brausen des Wassers verschluckte jedes Wort. Jonathan sah nur noch, wie sich der Mörder die Kapuze aufsetzte und losrannte, dann stahl ihm eine Welle die Sicht. Gnadenlos trieb ihn der Wasserlauf flussabwärts. Scharfkantige Steine rissen ihm die Haut an Beinen und Armen auf, während er versuchte, sich an ihnen festzuklammern. Die Kälte sandte eine Taubheit in seine Glieder, die ihm das Schwimmen beinahe unmöglich machte. In Todesangst schlug er wild mit den Armen. Immer wieder suchte er mit den Füßen im Flussbett Halt, doch die Strömung riss ihn mit sich. Mit jedem Luftholen gelangte ein weiterer Schwall kalten Wassers in seine Lunge. Er merkte, wie machtlos er war und wie ihn das Brennen der aufgeschürften Haut, die immer wieder entlang der Steine schrammte, schwächte. Die Natur war unerbittlich. Er paddelte nicht mehr, versuchte nur noch, mit den Armen seinen Kopf vor den Gesteinsbrocken zu schützen. So bemerkte er die Person gar nicht, die dem Flusslauf gefolgt war und in das Wasser trat.

»Jonathan, nimm meine Hand!« Die Stimme übertönte das Rauschen. Da sah er sie – die schwarze Gestalt. Ihr ausgestreckter Arm hatte ihn fast erreicht. Mit allerletzter Kraft kämpfte er sich zu ihr hinüber und krallte sich in den Ärmel des Mantels. Er spürte einen festen Griff um sein Handgelenk und wie er grob auf trockenes Gras gezogen und auf den Bauch gerollt wurde. Jonathan erbrach das geschluckte Flusswasser. Er würgte und würgte, bis auch das letzte bisschen Flüssigkeit seinen Körper verlassen hatte. Erschöpft blieb er liegen. Sein Retter legte die Hände an seine Schläfen, vorsichtig, fast liebevoll. Erst jetzt wurde Jonathan bewusst, wer ihn aus dem Fluss gezogen hatte.

»Warum hast du mir geholfen?«, fragte er schwach, ohne sich zu regen.

»Wenn ich gewusst hätte, wer du bist, dann hätte ich dir nie ein Leid zugefügt. Niemals, Jonathan«, antwortete eine verzerrte Stimme.

»Warum?«

Stille.

Die Hände ließen von ihm ab und griffen nach der Kapuze. Sie fiel zurück und entblößte ein trauriges, aschfahles Gesicht mit tiefblauen Augen, von langen, schwarz gelockten Haaren umrahmt. Diesmal war Jonathan auf den Anblick vorbereitet.

»Du ... du bist die Hexe, die sie einst verjagten.«

Ihr Blick war starr auf die Mümling gerichtet. Sie nahm Jonathan fest in den Arm, als wollte sie ihn nie wieder loslassen. Jonathan erstarrte. Was hatte sie vor? Wollte sie ihn zerquetschen? Ihre Arme lagen fest, doch nicht schmerzhaft, um seinen Körper. Er fühlte ihr viel zu schnell schlagendes Herz.

»Ja«, brachte sie mühsam hervor, »ja, die bin ich.«

***

Fünf Männer stürmten auf die Uferwiese. Jonathan erkannte seinen Vater, dicht gefolgt von Thomas.

»Lass ihn los! Sofort. Nimm deine blutigen Hände von ihm!« Julius zerrte seinen Sohn aus ihren Armen, presste ihn an sich. Gleichzeitig rissen starke Arme die Hände der Hexe auf deren Rücken und hielten sie dort eisern fest. »Lasst sie keine Sekunde aus den Augen! Fixiert ihre Hände. Sie darf sie nicht bewegen, sonst seid auch ihr des Todes!« Sobald die Männer Genefes Hände mit Seilen auf den Rücken gebunden hatten, nahm er Jonathans Gesicht in beide Hände. »Geht es dir gut? Mein Gott, Jona, ist dir etwas passiert?« Jonathan schüttelte schwach den Kopf. Noch einmal drückte Julius seinen Sohn an sich, dann ließ er von ihm ab und trat dicht vor die schwarzhaarige Frau.

»Du.« Fast war es ein Flüstern, das über Julius' Lippen kam. »*Du* bist der Verhüllte, der Kindermörder. Du wagst es wieder zurückzukehren?«

Jonathan beobachtete, wie sein Vater die Hände zu Fäusten ballte. »Verfluchte Hexe! Verjagt haben wir dich. Am Leben gelassen haben wir dich. Und du? Du kehrst zurück und vergreifst dich an fremden, unschuldigen Kindern und meinem Sohn? Du hast ihn beinahe umgebracht! Dafür wirst du büßen.« Mit dem Handrücken schlug er der Hexe hart ins Gesicht. Kein Ton kam über ihre Lippen. Sie spuckte Blut vor Julius' Füße. Jonathan trat an die Seite seines Vaters.

»Vater, bitte. Sie hat mich aus dem Fluss gezogen. Sie hat mir das Leben gerettet.«

»Sie hat Philip und Kristian auf dem Gewissen. Sie hat das fremde Mädchen getötet ... und Lisa.«

»Bist du dir sicher, Julius?«, wollte Thomas wissen.

»Ja, ich bin mir sicher. Ich weiß, wozu diese Frau fähig ist.« Julius wandte sich an die Hexe: »Wo ist der Schal? Wo ist der Pfarrerschal, mit dem du die Aufmerksamkeit auf Valentin lenken wolltest?«

Doch Genefe schwieg beharrlich. Weder verteidigte sie sich noch kam ein Geständnis über ihre Lippen. Sie sah nur den Jungen an, ohne ein einziges Mal den Blick von ihm abzuwenden. Julius gab auf. »Packt sie und sperrt sie in den Keller der Bergkirche. Sie soll nur Wasser und Brot bekommen.«

»Soll ich den Geistlichen rufen lassen?«, fragte Thomas.

»Nein. Ich denke, das ist nicht nötig. Spätestens am kommenden Sonntag, zur nächsten Andacht, wird er hier sein und erst dann werden wir über sie richten. Und nun los, schafft sie mir aus den Augen.«

Sie zerrten die Frau in die Höhe. Genefe machte keine Anstalten zu fliehen oder sich zu wehren. Noch immer sah sie Jonathan an, der sich von ihr abgewandt hatte. Nun aber trafen sich ihre Blicke für den Bruchteil einer Sekunde. Jonathan hatte sie gesehen – schwarze Punkte in ihren Augen.

4. Der Durst nach Rache

Nach drei Tagen des Schweigens und der einsamen Gefangenschaft bei Wasser und Brot, erhielt Genefe schließlich unerwarteten Besuch.

Jonathan hatte gewartet, bis es Thomas, der sich bereiterklärt hatte, den Eingang zum Kirchenkeller zu bewachen, in die Büsche gezogen hatte. So leise wie möglich, hatte er sodann die schmalen Treppen hinunter in die Dunkelheit genommen. Noch immer fürchtete sich Jonathan vor der fremden Frau, doch gleichzeitig hatte ihn eine kribbelnde Neugier gepackt. Warum hatte Genefe das alles getan? Warum hasste sie Kinder? Was hatte sie dazu veranlasst, gerade ihn am Leben zu lassen? Und was hatte sie mit den Worten *Wenn ich gewusst hätte, wer du bist* ... gemeint? Eigentlich brauchte Jonathan auch keine Angst davor zu haben, von Genefe verletzt oder gar getötet zu werden. Sein Vater hatte dafür gesorgt, dass die Hände der Hexe gefesselt und sicher an der Kerkerwand befestigt worden waren. Sie konnte ihm nichts mehr anhaben.

Jonathan verharrte dennoch in gebührendem Abstand vor den Stangen der Zelle. Genefes Haar war zerzaust, ihre Finger schwarz vom Dreck der Wände und der Mantel, den sie ihr gelassen hatten, mit grauen Flecken besprenkelt. Vor ihr stand eine Schüssel mit stichigem Wasser. Das schimmlige Brot hatte sich eine Ratte gestohlen und nagte in einer Ecke genüsslich daran. Als die Hexe ihn erkannte, weiteten sich ihre Augen. »Was tust du hier, Jonathan?«

»Du hast mir meine Frage noch nicht beantwortet.«

»Welche Frage?«

»Warum hast du mir geholfen?«

»Willst du das wirklich wissen?«

Jonathan antwortete nicht. Er war wütend. Weder Vater noch Mutter beantworteten seine Fragen, die ihm seit der Gefangennahme der Hexe auf der Seele brannten. »Warum?«, hörte er sich selbst fragen. Seine Stimme war dunkel, böse.

»Weil du mein Sohn bist.«

Eine heiße Welle flutete durch seinen Körper. Kalte Schweißperlen traten auf seine Stirn, während sein Puls raste und sich seine Muskeln verkrampften. So plötzlich wie die Welle gekommen war, zog sie sich wieder aus seinem Körper zurück und hinterließ eine schmerzende Schwäche. Er hörte das Blut in seinen Ohren rauschen, dann erfasste ihn Schwindel. Er stützte sich an der feuchten Wand ab und begann lauthals zu lachen. Kaum ein paar Sekunden später packte ihn der Zorn.

»Du lügst!«, schrie er sie an.

»Nein, mein Sohn, ich lüge nicht. Dein Vater ist derjenige, der dich belogen hat, lange zehn Jahre. Sie nahmen dich mir weg, als sie Zeuge meiner Kräuterheilkunst wurden und herausfanden, dass ich allein mit der Kraft meiner Gedanken und wenigen Bewegungen meiner Hände Menschen Schmerzen zufügen konnte.«

»Schwarzer Zauber«, hauchte Jonathan.

»Magie. Ich verfüge über eine besondere Gabe. Ich bin Magierin, ich bin eine Hexe, nenn es, wie du möchtest.«

»Du lügst. Du übst deinen Zauber auch an mir aus.«

Genefe überging den Wutausbruch des verwirrten Jungen. »Du musst mir glauben, Jonathan. Ich hätte dir neulich am Ufer keine Schmerzen zugefügt, hätte ich gewusst, wer du bist. Fast zehn Jahre habe ich dich nicht gesehen. Ich erkannte dich nicht. Sonst hätte ich doch nie ... Als du nach unserer ersten Begegnung geflohen bist, habe ich dich tags darauf erneut aufgesucht. Gefunden habe ich dich ganz in der Nähe des Hofs, auf dem ich damals mit Julius lebte. Von da an war ich vorsichtig. Ich beobachtete dich, bis ich mir sicher war.«

»*Mörderin! Lügnerin!*«

»Hör mir zu, mein Sohn. Julius und ich, wir liebten uns sehr. Doch eines Abends beobachtete er, wie ich einen Geistlichen aus Hoegst richtete. Ich nahm ihm jede

Möglichkeit mich weiter zu verfolgen, indem ich meine Hand zur Faust ballte und mit der Macht meiner Gedanken und voller Genugtuung seine Sinne darin zerquetschte. Wie ich inzwischen erfahren konnte, war er seither ein Schatten seiner selbst. Seine sabbernden Lippen brachten keine Worte mehr hervor. Doch ich hatte sein Leben verschont und wollte alle in dem Glauben lassen, es sei eine Krankheit gewesen, die den Geistlichen gezwungen hatte, auf allen Vieren zu kriechen wie ein Tier. Julius aber, der es besser wusste, nannte mich eine Hexe. Seine Worte hallten durch ganz Crumbach und verpesteten die Luft. Er nahm dich an seine Brust und verließ mich noch am gleichen Tag. Dann hetzten sie mich über die Felder und verbannten mich. Nein, sie brachten mich nicht vor Gericht, sie ließen mich nicht auf dem Scheiterhaufen brennen, doch sie stahlen mir meinen Sohn! Und die Hure nahm dich und Julius an meiner statt.«

»Nenn sie nicht so! Sie ist meine Mutter!«

»Nein! Ich bin deine Mutter. Ich gebar dich unter Schmerzen. Du trankst von meiner Brust. Du *bist* mein Sohn, du gehörst *mir!*«

Wirre Gedanken fügten sich in Jonathans Kopf zusammen, zerstreuten sich wieder. Wenn sie keine Lügen sprach, dann ... er wollte weinen, schreien, um sich schlagen. Noch nie war er so verzweifelt gewesen.

Eine Tür knarrte. Er hörte die Stimme seines Vaters, der Thomas eine Strafrede hielt. »Wie kannst du sie nur unbeaufsichtigt lassen? Ab jetzt wirst du diesen Platz nur mit meiner Zustimmung verlassen, hast du gehört?«

Julius stutzte, als er Jonathan mit rot geäderten Augen vor sich sah.

»Vater«, rief Jonathan außer sich, bevor Julius etwas sagen konnte, »stimmt es, was sie sagt? Sag es mir!« Die Furcht, dass alles, was diese fremde Frau erzählt hatte, der Wahrheit entsprach, übertraf die vor der Strafe, die auf seinen ungezogenen Ton folgen konnte.

»Vater! Sie sagt ... Sie behauptet, sie wäre meine *Mutter!* Sagt sie die Wahrheit? Sag es mir, jetzt!«

Julius schluckte schwer. Die Zeit der Lügen und des Schweigens schien in diesem Augenblick beendet. Er atmete tief ein, dann sah er seinen Sohn an. »Ja, Jona. Es stimmt. Vor dir steht Genefe. Deine Mutter.«

Eine schreckliche Kälte mischte sich mit Jonathans Blut und schoss pulsierend durch seine Venen. Seine Welt begann zu bröckeln und zersprang in tausend Scherben. Er wollte nichts mehr hören, nichts mehr sehen. Er sank auf die Knie, schlang seine Arme um seinen Kopf und weinte. Julius beugte sich hinunter und nahm seinen Sohn in die Arme. Schweigend wiegte er ihn wie ein Baby. Zwischen seinen Schluchzern, hörte er seinen Vater der Hexe drohen: »Das wirst du bereuen.«

***

Zwei Tage später erhielt Crumbach Besuch von Pfarrer Valentin, der zielstrebig die Bergkirche aufsuchte. Mit einem kurzen Nicken gab er Thomas zu verstehen, den Weg in den Kerker freizugeben. Der Junge gehorchte dem stummen Befehl und öffnete dem Geistlichen die verschlossene Tür. Mit einem triumphierenden Lächeln betrat Valentin den Keller der Bergkirche.

»Da sitzt sie also, die Hexe.«

Genefe blickte auf. Sie kannte den Pfarrer. Regelmäßig kam er von Hoegst in das kleine Dorf, um den Menschen Märchen aus der Bibel vorzutragen. Genefe war nie gläubig gewesen und diesem Valentin hatte sie jeher misstraut, denn sie wusste von seinen Vorlieben. Ein Gerücht, das der Wahrheit entsprach. Sie hatte es gesehen.

Valentin sah sich in der kleinen Zelle um, dann fragte er die Gefangene mit einem Lächeln: »Und, wie gefällt es dir hier, Hexe? Ich finde diesen Kerker ganz bezaubernd, der beim Bau des Gotteshauses für die Inquisition errichtet worden ist.

»Was führt dich zu mir, Kinderschänder?«

»Ein Geschäft, Kindsmörderin.«

Genefe sah dem alten Mann fest in die Augen. »Welches Geschäft könnte ein Mann wie du mir anbieten? Fünf Knaben für mein Leben?«

»Oh nein, meine Liebe. Ich bin ein Gottesdiener. Nie würde ich zu viel von dir verlangen.« Er legte eine Kunstpause ein, dann unterbreitete er der Hexe seinen Vorschlag: »Dein ewiges Schweigen für dein Leben.«

Genefe schnaufte verächtlich.

»Das ist also das Einzige, das dir Zittern verursacht, seit du hörtest, dass ich wieder hier bin. Du hast Angst. Schreckliche Angst, dass ich dafür Sorge trage, dass die anderen Geistlichen davon erfahren. Du weißt, dass ich dich gesehen habe, als du den Jungen in den Beichtstuhl gezwungen hast. Die Tage deines Amtes wären gezählt.«

»Ein Geistlicher, der Kinder liebt – und eine Hexe, die Kinder mordet. Wem, denkst du, wird man mehr Glauben schenken?«

Ihre Füße und Arme waren mit schweren, in der Wand verankerten, Eisenketten gefesselt. Viel Bewegungsspielraum blieb ihr nicht, doch Genefe schaffte es sich aufzurichten. Die Wut hatte sich wie beißendes Gift in ihr aufgestaut. Sie stellte sich vor, Valentin hätte auch ihren Sohn schänden können. Reine Mordlust flammte in ihrem Innern auf und half ihr, die Schwäche aus ihren Gliedern zu vertreiben. Kerzengerade stand sie vor dem Geistlichen. Ihre ausgestreckten Arme wurden von den Ketten nach hinten gezogen.

»Du Verfluchter Satans! Ich habe einen Grund zu töten. Ich habe in dem Moment Rache geschworen, in dem sie mich aus dem Dorf jagten. Du hingegen bist nur deiner Lust gefolgt und hast die Knaben nach Belieben genommen. Hast ihre Zukunft geraubt. Meine Opfer habe ich nicht einmal berührt, was man von dir nicht behaupten kann.«

»Deine Rache hätte um ein Haar deinem eigenen Sohn das Leben gekostet. Abgesehen davon: Meine Knaben leben weiter. Deine Opfer öffnen nie wieder ihre Lider. Du bist kein besserer Mensch als ich, Hexe.«

Ihre Augen verengten sich. Sie ging in sich, musterte den Pfarrer. Tief blickte sie in seine kalte Seele.

»Ich war mir sicher, ich würde meinen Sohn wiedererkennen, auch nach all der Zeit, in der ich ihn nicht gesehen habe. Das war ein Irrtum. Ich wollte ihn finden und mit mir nehmen, denn ich bin seine Mutter. Stattdessen habe ich ihn beinahe getötet. Das werde ich mir nie verzeihen. Ja, vielleicht hast du recht, Schänder, vielleicht bin ich kein Stück besser als du und wir haben beide den Tod verdient.«

Die Arme der Hexe schnellten nach vorne. Die kurzen Ketten stoppten sie abrupt und hinderten sie daran, ihre Handflächen nach oben zu drehen. Die Wut aber, die durch ihre Adern pulsierte und der feurige, unerbittliche Hass auf Valentin, gaben ihr neue Kraft. Erneut riss sie die Arme nach vorne und wandte die Handgelenke mit einem Schmerzensschrei, bis ihre Innenseiten nach oben zeigten. Das Eisen schnitt tief in ihre Haut. Helles Blut trat zwischen Fessel und Hand hervor. Sie grinste heimtückisch, während sie die Finger zu Fäusten zusammenpresste.

Keuchend sank Valentin zu Boden. Er griff sich an die Brust, dorthin, wo der Schmerz am größten war. Genefes schriller Freudenschrei trieb die Pein in seine Augen. Der Geistliche vergrub das Gesicht in seinen Händen, rieb sich die Augen und begann zu schreien.

»Fühlst du sie, Schänder? Fühlst du die Punkte, wie sie deine Augen langsam durchziehen und deine Augäpfel aussaugen? Fühlst du den Schmerz, den auch die Knaben fühlten, als du ihnen die Seele aus dem Leib gestoßen hast? Fühlst du es? Ja, ich weiß, du fühlst es. Ha!«

»Bitte«, flehte Valentin mit tränenerstickter Stimme. »Bitte, Hexe, lass mich leben.« Auf Knien winselte er um Gnade. Der Schmerz in seiner Brust schien zu explodieren. Seine Augen brannten wie Feuer auf dem Scheiterhaufen. »Lass mich am Leben und ich werde dir helfen, ich schwöre es.«

»Ich pisse auf deine Worte!«

»Du wirst sterben, wenn du meine Hilfe nicht annimmst. Sie werden dich töten.« Noch immer verbarg er das Gesicht in den Händen. Stöhnend wälzte er sich auf dem dreckigen Boden.

»Du willst mir helfen, Schänder? Wie waren deine Worte? *Du bist kein besserer Mensch als ich!*« Sie drückte ihre Faust ein letztes Mal zu und zerquetschte damit sein Herz wie einen verfaulten Apfel. Valentin zuckte. Drei Mal schlug seine Stirn gegen die Gitterstäbe, die eine hässliche rote Maserung auf seiner Haut hinterließen. Dann tat er seinen letzten stockenden Atemzug. Als Thomas ihn fand, standen seine Augen weit offen, in ihnen das Zeichen der Hexe.

***

Jonathan hatte das Haus ein paar Tage nicht verlassen. Meist saß er auf seinem Bett und blickte hinunter Richtung Mümling. Heute war es so weit, heute würde das Urteil über die Hexe – seine Mutter – gefällt werden. Die Frage war nicht, *ob* sie sterben sollte, sondern *wie*. Jonathan war hin- und hergerissen.

Seine Mutter sollte sterben – nein, nicht seine Mutter, die Mörderin.

Aber sie war seine Mutter.

Mutter – welch seltsames Wort.

Er ließ es auf der Zunge zergehen. Es hinterließ einen bitteren Nachgeschmack. Hilde hielt sich seit Tagen von ihm fern. War es die Furcht, ihn zu verlieren, die Scham über die jahrelange Lüge oder Abneigung, da die Wahrheit die Familie umhüllte wie dichte Nebelschwaden? Sie war nicht seine Mutter, sie war es nie gewesen. Er war ein Kuckuckskind. Wie hatte sie ihn lieben können, ihn – den Sohn einer Hexe? Jonathan begab sich in die Wohnstube, wo Julius und Hilde aufgebracht miteinander redeten. In ihr Gespräch vertieft, bemerkten sie ihn nicht, der aufmerksam der Diskussion folgte.

»Warum das fremde Mädchen?«, fragte Hilde.

»Weil es ihr über den Weg lief. Genefe ist es gleichgültig, woher das Kind stammt. Sie will Rache, koste es, was es wolle.«

»Sie kam nicht nur aus Rache zurück nach Crumbach, habe ich recht? Sie hatte vor, ihren Sohn mit sich zu nehmen. *Euren*, nicht *unseren*.«

»Hör sofort auf damit. Du warst die Einzige, die ihm je eine Mutter war. Nur du hast ihn geliebt, wie es einem Jungen gebührt.«

Hilde schluckte schwer. In ihren Augen glitzerten Tränen. Sie fuhr sich mit den Fingern durchs Haar, bevor sie mit bebender Stimme fragte: »Gibt es sonst noch etwas, das ich wissen sollte? Etwas Neues aus Hoegst, oder wollt ihr wieder einmal Selbstjustiz üben, um Crumbach keinen schlechten Ruf zu verschaffen?«

»Valentin ist tot. Man hat ihn vor Genefes Zelle gefunden. Keiner weiß, was er mit ihr zu besprechen hatte, aber er hatte das Todesmal in den Augen.«

»Schwarze Punkte«, hauchte Hilde. In dem Moment klopfte es an der Tür und Thomas trat ein.

Schnell duckte sich Jonathan hinter eine hölzerne Truhe.

»Die Dorfgemeinschaft ist versammelt, Julius. Alle warten auf dich. Erst nach deinem Eintreffen wird die Hexe aus dem Keller geholt.«

»Das könnt ihr nicht machen, Julius. Übergebt die Hexe an das Gericht in Hoegst. Dieses soll über Genefes Schicksal entscheiden, nicht ihr. Nicht *du!*« Hildes Lippen bebten. Tränen traten in ihre Augen.

»Hilde, versteh' doch: Wenn ich Nachricht an das Hoegster Gericht gebe oder auch nach Breuberg, dann werden sie Genefe holen. Sie werden uns befragen. Dann wird herauskommen, dass ich ein Kind mit einer Hexe gezeugt habe.«

»Einst hast du sie geliebt. Du wusstest nichts von ihrer Macht. Es ist keine Schande, dass Jona ...«

»Doch«, unterbrach Julius Hilde mit trauriger Stimme. »Ich liebe meinen Jungen und genau aus diesem Grund wird Hoegst nichts davon erfahren. Was glaubst du, wird passieren, wenn sie herausfinden, dass er der Sohn einer Hexe ist? Sie werden befürchten, dass in ihm die gleiche gefährliche Macht schlummert. Sie werden ihn uns wegnehmen, Hilde. Das lasse ich nicht zu. Nein, das hier erledige ich auf meine Weise.« Er umarmte Hilde innig. »Heute wird Genefes Tod endgültig besiegelt, dann sind wir sie für immer los.« Hilde blickte ängstlich zu ihrem Mann auf.

»Bist du dir da sicher?«

***

Alle Männer des Dorfes hatten sich im Hof vor der Bergkirche versammelt. In ihrer Mitte stand Genefe mit auf dem Rücken gefesselten Händen. Anteillos starrte sie auf den Boden und erwartete die Entscheidung ihrer Häscher. Kein Funken Angst regte sich in ihr. Julius trat nach vorn und sie schaute ihn an.

»Ich muss nicht erwähnen, warum du hier in unserer Mitte stehst, Genefe. Du bist ungeachtet deiner vor zehn Jahren ausgesprochenen Verdammung zurückgekehrt. Du brachtest Tod und Leid über unser Dorf. Vier Kinder sind durch deine Hand gestorben. Deine Schuld wird nicht in Frage gestellt.«

Ohne den Blick von ihm abzuwenden, lauschte sie Julius' Ansprache. Dem Mann, den sie einst liebte, den sie durch ihre schwarze Magie verloren und der ihr das Kind gestohlen hatte.

»Ich habe sie nicht berührt«, sprach sie mit belegter Stimme. Es war eher eine Feststellung als Worte der Verteidigung.

»Wie wir lernen mussten, ist keine Berührung vonnöten, damit die Hexe tötet«, entgegnete Julius.

»Der Tod Valentins ist für euch eine Befreiung.«

»Hier geht es um die Kinder, nicht um Pfarrer Valentin. *Warum*, Genefe? Sag es uns!«

»Die Kinder waren mir egal. Ich wollte euch leiden sehen. Euch Väter, denen die Söhne und Töchter genommen wurden, euch gläubige Dummköpfe, die vor Angst um ihre Sprösslinge fast wahnsinnig wurden. So, wie es auch mich zum Wahnsinn trieb, als du mir den Sohn wegnahmst.«

»Wie kann dir ein Kinderleben egal sein? Warst du nicht selbst einst Mutter?«, fragte Jakob fassungslos.

»Und das bin ich noch immer«, entgegnete die Hexe. Gemurmel ertönte in den Reihen der Menge. Die Crumbacher Männer drohten Genefe mit der Faust, brüllten ihr Beschimpfungen entgegen und verlangten ihren Tod. Es brauchte keine Abstimmung, sie waren sich einig: Die Hexe musste sterben. Aber kein Geistlicher, kein weltliches Gericht, sollte hier ein Urteil sprechen. Würde irgendjemand herausfinden, dass Crumbach schon vor Jahren auf eigene Faust gehandelt hatte, drohte vielen von ihnen der Strick. Nein, dies war *ihre* Hexe!

»Wir binden sie an einen Baum und lassen sie verdursten«, schlug einer vor.

»Wir köpfen sie und vergraben ihre Leiche«, rief ein anderer.

»Wir knüpfen sie auf! Jeder soll es sehen.«

»Wir lassen sie rennen«, entschied Julius.

Kurz herrschte Stille. Was hatte der Dorfvorsteher gerade gesagt?

»Hat dich die Hexe schon wieder in ihren Bann gezogen?« Jakob war außer sich. »Wie kannst du solch einen Vorschlag machen? Dieses Teufelsweib hat meine Tochter auf dem Gewissen!«

Julius klopfte seinem Freund beruhigend auf die Schulter, dann begab er sich zu Genefe in die Mitte der Anwesenden.

»Veit und Jakob. Ihr beide gehört zu den begabtesten Jägern im Dorf. Jeder von euch besitzt einen Bogen.« Die Männer nickten.

»Genefe hat Rache geübt. Nun seid ihr an der Reihe. Morgen Mittag, wenn die Sonne im Zenit steht, werden wir Genefe laufen lassen. Rennen soll sie, so schnell sie kann und ihr zwei – ihr werdet eure Sehnen spannen, denn ihr habt noch nie ein Ziel verfehlt. Die Rache ist eure.«

Für wenige Wimpernschläge herrschte Schweigen auf dem Kirchenvorplatz.

»Was sagt ihr?«, fragte Julius. Einige sahen Julius zweifelnd an, die meisten aber blickten schweigend zu Boden. »Wir haben hier keinen Galgen«, fuhr Julius fort, »ein derart großes Feuer erregt zu viel Aufmerksamkeit und wer von euch ist bereit die Axt zu schwingen? Nein, Veit und Jakob sollen Rache üben dürfen. Auge um Auge, Zahn um Zahn!« Julius sah zu Veit und Jakob hinüber, die entschlossen nickten. Dann fragte er noch einmal in die Menge: „Was sagt ihr?" Der Durst nach Vergeltung war übermächtig. So klatschte erst einer, letztendlich aber nahmen alle grölend den Vorschlag des Gutsherrn an.

Jonathan stand abseits. Durch einen Spalt zwischen den Männerrücken, konnte er einen Blick auf Genefes langes, schwarzes Haar erhaschen, das trotz einiger zerzauster Strähnen glänzte. Er spürte Leere, wollte er doch die leibliche Mutter, die sie war, nicht verlieren. Jonathan wandte sich ab und schritt die Stufen hinab ins Dorf.

***

»Ich sollte dir befehlen, hier bei Hilde zu bleiben. Doch all das, was du in den letzten Tagen erlebt hast, hat dich erwachsen werden lassen. Wenn du dich bereit fühlst, mein Sohn, dann begleite mich.«

Jonathan traute seinen Ohren nicht. Hatte Vater ihm gerade *erlaubt*, der Hinrichtung beizuwohnen? Der Hinrichtung seiner eigenen Mutter? War er dazu bereit? Die Dorfgemeinschaft hatte einstimmig beschlossen, die Leiche später zwischen Hoegst und Crumbach im Wald zu verscharren. Sie sollte keine Gedenkstätte erhalten. Nichts sollte daran erinnern, was hier geschehen war. Doch weder die Eltern der getöteten Kinder noch sonst ein Dorfbewohner würde es je vergessen. Schon gar nicht Jonathan, der innerhalb weniger Tage mehrmals mit dem Tod konfrontiert worden war. Mit dem Tod und mit einer Lüge, die sein Leben wie eine Blutspur durchzog. Er wusste, dass sein Vater nur das Beste für ihn gewollt hatte, doch konnte er ihm diesen Schritt jemals verzeihen?

»Hilde, bring Klara zu Tante Marlein und begleite uns. Du hast wegen Genefe viel erleiden müssen. Es wird dir guttun, sie sterben zu sehen«, forderte Julius seine Frau auf. Er hielt ihr seine Hand hin, doch sie schüttelte den Kopf.

»Viel Leid, ja, doch ich brauche das Schauspiel der Hinrichtung nicht. Geht ohne mich. Ich bleibe mit Klara hier und warte auf euch.«

Jonathan lächelte Hilde traurig an, dann folgte er seinem Vater in Richtung Wald.

***

Ein menschlicher Schutzwall trennte die Hexe Genefe vom Dorf. Ordentlich, in einer Reihe entlang des Flusses, warteten die Crumbacher geduldig auf die Vollstreckung. Selbst Frauen und Kinder waren unter ihnen. Jonathan kam es vor, als stünde er auf dem Hoegster Marktplatz. Dabei befanden sie sich unmittelbar vor dem heimatlichen Dorf und der Henker war kein Vermummter mit einer Axt in der Hand, sondern zwei rachedurstige Väter. Jakob und Veit hatten sich vor der Menschenreihe positioniert, Pfeil und Bogen bereits in der Hand. Ihnen gegenüber stand sie – Jonathans Mutter.

Julius trat aus der Reihe nach vorn. Mit einem Messer schnitt er die Fesseln, die Genefes Füße fixierten, durch. Ihre Hände ließ er gefesselt.

Niemand sagte ein Wort. Jonathan sah die funkelnden Augen Genefes. Sie hatte keinen Blick mehr für ihn übrig, nur ein böses Lächeln umspielte ihre aufgesprungenen Lippen. Eine Hexe, eine Mörderin, eine Wahnsinnige – selbst im Angesicht des Todes. In diesem Moment wurde Jonathan klar: Genefe war zwar die Frau, die ihn vor zehn Jahren auf die Welt gebracht hatte, doch Hilde war es, die ihn tröstete, wenn er sich wieder einmal mit Vater stritt. Sie war diejenige, die stets seine aufgeschrammten Knie versorgte und ihn vor den Monstern unter seinem Bett beschützt hatte. Sie war die Frau, die ihn schon immer mit Liebe überhäuft hatte. Nein, seine Mutter stand nicht zwischen Leben und Tod, seine Mutter wartete auf ihn im Gutsherrenhaus vor dem Kamin, mit Klara auf dem Schoß.

Hasserfüllt blickte Julius seine ehemalige Geliebte ein letztes Mal an, dann fasste er sie an den Schultern und drehte sie mit dem Gesicht Richtung Wald. Stumm reihte er sich wieder zwischen den Schaulustigen ein und gab Jakob und Veit ein Handzeichen.

Die Sehnen spannten sich. Jonathan vernahm das Knirschen des Griffleders, den schweren Atem der Schützen und das Pochen seines eigenen, wild schlagenden Herzens. Er konnte die nervöse Stimmung spüren. Ihn überkam der Drang fortzulaufen, als sein Vater plötzlich rief: »Lauf, Hexe!« Und Genefe rannte. Julius gab den beiden Männern mit einem Kopfnicken das Signal, die Pfeile abzuschießen.

Kreischend durchschnitten die zwei Pfeile die Luft. Die todbringenden Geschosse verschwanden im Bruchteil einer Sekunde in den Büschen am Waldrand, in denen Genefes Umhang noch zu sehen war. Stille legte sich wie eine Decke aus Eis über die Crumbacher Menschen.

***

Noch immer bewegungslos, verharrten alle am Ufer der Mümling und musterten den Wald, in dem Hexe und Pfeile verschollen blieben. Die Blätter der Bäume und das Gestrüpp der Hecken verwehrten ihnen den Blick hinein.

»Jakob, Veit, Jonathan, ihr kommt mit mir«, brach Julius das bedrückende Schweigen. »Genefe wird sich ein Stück in den Wald geschleppt haben.« Dann wandte er sich den anderen zu. »Und ihr geht nach Hause. Versucht, in euren Alltag zu finden. Folgt euren Pflichten und Freuden. Wir bringen euch ihren Leichnam.«

Während die Dorfgemeinschaft hingegen wild durcheinanderredend begierig am Waldrand wartete, machten sich die drei Männer mit Jonathan auf den Weg ins

Unterholz. Durch die dichten Baumkronen drang kaum Licht. Doch der erste Pfeil war schnell entdeckt. Er steckte im Stamm eines Laubbaums. Wütend riss ihn Veit heraus. »Verflucht! Wo ist dieses Miststück? Das kann doch nicht wahr sein! Julius, sag endlich etwas. Das war deine hirnrissige Idee!«

»Dort!«, rief Jonathan plötzlich. »Seht, dort liegt etwas!«

Die Männer rannten hinter dem Jungen her. Neben einem entwurzelten Baum blieben sie stehen. Abermals klopfte Jonathans Herz so sehr, als wollte es seine Brust zerreißen. Sein Atem ging rasselnd, seine Augen brannten und er sah schwarze Punkte vor ihnen auf- und abtanzen. Schwindel überkam ihn. Veit griff ihm stützend unter die Arme, als er zu taumeln begann. Von all dem bekam sein Vater nichts mit. Er war auf die Knie gesunken. Verzweifelt vergrub er das Gesicht in einer Hand, als ihm bewusst wurde, was geschehen war: Er hatte einen großen Fehler begangen.

***

Jakob legte ihm in einem Anflug der alten Vertrautheit eine Hand auf die Schulter. »Komm, Julius, lass uns gehen«, sagte er. Schwermütig richtete sich Julius auf. Er nahm seinen Sohn schützend in den Arm. Gemeinsam verließen sie den Wald. Zurück blieb nur ein langes, starkes Seil und ein Kleidungsstück – ein schwarzer Umhang, in dem ein Pfeil steckte.

Der Todesritus

Winter 1600, Hoegst/Odenwald

1. Das Ritual

Der letzte blassrote Schimmer des Abendhimmels schwand dahin. Die Nacht hielt Einzug und verbarg das grausame Ritual hinter Schatten. Eine Fackel knisterte im angstverhangenen Forst, doch sie konnte nicht den Laut übertönen, der jedem Menschen das Blut in den Adern gefrieren ließe. Menschen aber waren zu jener Zeit nicht zugegen. Sie weilten in der Ferne, wo die Lichter in den Häusern nach und nach erloschen. Eine Spur aus Tierkadavern zierte den weißen Waldboden und präsentierte das Ausmaß einer Gier, die schon bald die Grenzen des Forsts überschreiten würde.

Die Bestie liebte das schnalzende Geräusch, als die Schneide eindrang und Fasern und Sehnen durchtrennte. Anschließend zog sie das vom Rost befleckte Messer ruckartig aus dem erschlafften Körper. Hungrig öffnete sie den Mund. Der dampfende Lebenssaft rann ihre Kehle hinab. Sie genoss den Trank, ohne auch nur ein einziges Mal zu schlucken. Ihre geschlossenen Augenlider flatterten vor Erregung. Blut tropfte am Kinn der Bestie herab und zeichnete ein bizarres Muster in den Schnee. Als kein Tropfen mehr aus dem Tier entweichen wollte, begutachtete sie kurz das Werk in ihren Händen. Dann legte sie das Opfer ab, trat zurück und leckte sich die Lippen, wobei ihre roten Zähne im Schein der Fackel aufblitzten. Stolz durchflutete ihren gekrümmten Körper. Sie nahm die Fackel in die Hand und begab sich auf den Rückweg. Noch einmal sah die Bestie über die Schulter. Ein Lächeln stahl sich auf ihre Lippen. Die bis auf den letzten Tropfen ausgesaugten Tierkadaver lagen aufgereiht im Schnee entlang des Waldrandes. Manche waren abgelegt worden, als die Verwesung bereits eingesetzt hatte. Anderen stand das Entsetzen noch in den Augen. Farblose Perlen auf einer weißen Schnur. In dieser Nacht vermählte sich blutiges Verlangen mit lang gehegter Vergeltung. Ab heute herrschten sie als Einheit – als etwas, das niemand aufhalten konnte. Noch immer lächelnd, wandte sich das Wesen der Dunkelheit um und verschwand im verschneiten Forst, wo das Licht der Fackel langsam verging.

2. Zerbrochen

Verzweifelte Schreie gellten durch die Nacht. Furcht schwängerte die Luft.

Jonathan stand vor einer Wand. Einer Wand, so weiß wie der Schnee unter seinen nackten Füßen und so kalt wie der wehende Wind um seine Ohren. Das Gefühl für Zeit hatte er längst verloren. Ob Stunden oder gar Tage vergangen waren, er wusste es nicht. Er wusste nur, dass er laufen musste, immer weiter, so schnell ihn seine Füße tragen konnten, sonst würde er das nächste Opfer sein. Seine Füße aber waren taub. Er fühlte nicht einmal mehr die Kälte. Warum hatte er keine Schuhe an? Warum konnte er sich nicht erinnern? Warum war er in den Wald gegangen? Und wovor flüchtete er? Er war am Ende. Am Ende seiner Kräfte … und am Ende des verschneiten Waldes angelangt.

Er hatte die Mauer nicht gesehen. Aus dem Nichts aufgetaucht stand sie zwischen ihm und der rettenden Lichtung. Er konnte sie weder umgehen noch über sie hinübersteigen. Es war vorbei. Der Tod streichelte seinen Nacken.

Er wünschte sich weit fort. Zurück in sein Heimatdorf. Unter der Decke seines Bettes wollte er sich verstecken, wie er es früher getan hatte. Dann würde Hilde kommen, ihn in die Arme schließen und ihm sagen, dass alles gut sei und er keine Angst haben brauche. Doch Hilde war nicht hier, nur diese Wand und das Wesen, das mit gierigem Keuchen und knurrendem Magen auf ihn zuschlich. Jonathan kniff die Augen zusammen, um dem Tod in der Dunkelheit entgegenzublicken. Während er sich der Finsternis zuwandte, flog etwas mit rasender Geschwindigkeit auf ihn zu. Geistesgegenwärtig zuckte er zur Seite und das Geschoss prallte mit einem Klatschen auf die weiße Wand. Jonathan erstarrte. Erst nach einigen Atemzügen sah er über die Schulter, hin zur Mauer. Eine dampfende, rote Flüssigkeit rann in dicken Fäden an der Wand hinunter. Sogleich lag der schwere Geruch von Eisen in der Luft. Jonathan stand nur da und starrte schockiert auf das grausame Bild, das sich ihm bot. Ein Röcheln riss ihn aus der Trance. Langsam und voller Furcht wandte er sich wieder dem Wald zu …

***

Mit einem Schrei erwachte Jonathan. In kaltem Schweiß gebadet und mit wild pochendem Herzen saß er keuchend auf seinem Bett und schaute ins Nichts. *Ein Traum, nur ein Traum*, versuchte er sich zu beruhigen. Doch war es das tatsächlich? Er hatte sich an die Albträume gewöhnt, die ihn seit Jahren in der Nacht heimsuchten, doch dieser hatte sich anders angefühlt. Dieses Wesen, diese in Nebelschwaden getauchte Kreatur, strahlte eine grauenhafte Lebendigkeit aus, die ihm noch immer einen Schauer über den Rücken jagte. Es war bereits die zweite Nacht, in der sie sich ihm zeigte.

Er erinnerte sich an diesen vergangenen Traum: Rote Flüssigkeit rann der Gestalt aus dem Mund und tropfte in dicken Fäden auf den frisch gefallenen Schnee. Jonathan folgte der Spur, doch bevor er sehen konnte, welch bedauernswertes Opfer in den Armen des Monsters lag, war er erwacht.

Doch war es nur ein Traum – nur ein Traum.

Ein Klopfen riss ihn aus seinen Gedanken. Es wiederholte sich und wurde lauter. Mit einem Stöhnen schwang Jonathan die Beine über die Bettkante und trat an den kleinen Tisch heran, auf dem eine Schüssel mit Waschwasser stand. Wieder klopfte es. Wer zur Hölle konnte das sein? Er ließ die Waschschüssel unberührt und torkelte die Stufen hinunter. Das andauernde Klopfen schmerzte in seinen Ohren. Barfuß stolperte er über Bretter und Nägel und stieß sich die Zehe an einem Hammer, den Thomas am Abend liegen lassen hatte.

»Verflucht! Thomas!«, schimpfte er, obwohl sein Freund sicherlich mit den ersten morgendlichen Strahlen der Wintersonne das Haus verlassen hatte. Während er ein Stück Holz mit dem unverletzten Fuß zur Seite schob, öffnete er die Tür.

Er hatte gehofft Eva zu sehen, die hübsche Barbierstochter. Befürchtet hatte er, dem Barbier selbst die Tür zu öffnen, um die nächste Zurechtweisung über sich ergehen zu lassen. »*Lasse deine Finger von meiner Tochter, Bastard!*« Sogar ein Besuch des Hoegster Dorfmeisters wäre nicht undenkbar gewesen, doch diese Gäste hatte er nicht erwartet.

»Dürfen wir eintreten? Es ist kalt hier draußen.«

Ohne auf die Antwort seines Sohnes zu warten, trat Julius an ihm vorbei in die kühle Wohnstube, gefolgt von Hilde und Klara. Für einen kurzen Augenblick blieb Jonathan in der offenen Tür stehen, dann schloss er sie geräuschvoll und drehte sich zu seiner Familie um.

Zwei Jahre war es her, seit sie sich das letzte Mal gesehen hatten. Alt war sein Vater geworden und trotzdem fühlte sich Jonathan klein und unbedeutend in seiner Gegenwart. Hilde hatte von ihrer Herzlichkeit nichts verloren. Die eine oder andere graue Strähne versteckte sie gekonnt unter einem feinen Kopftuch. Und Klara? Klara war zu einer jungen Frau herangewachsen, deren Körper ein klein wenig zu dünn für Jonathans Geschmack war. Unter ihren Augen lagen tiefe Ringe. Sie sah unglücklich aus, doch fand er nicht den Mut, sie in die Arme zu schließen. Konnten zwei Jahre so viel verändern? Hilde zeigte keine Hemmungen. Mit wenigen Schritten war sie bei ihm und drückte ihn an ihre Brust.

»Oh Jona, wie schön dich zu sehen, dich zu fühlen. Geht es dir denn gut?«

Zärtlich befreite sich Jonathan aus der Umarmung und ergriff ihre Hände.

»Ja, Mutter, mir geht es sehr gut. Ich fühle mich wohl hier in Hoegst und auch das Zusammenleben mit Thomas ... lässt sich aushalten.« Ihm entging nicht Hildes prüfender Blick durch die Stube. »Nun ja«, meinte er mit zuckenden Schultern, »bis auf gewisse Eigenarten kommen wir bestens miteinander aus.«

»Warum hast du uns nie besucht?«

Jonathan drehte sich zu seiner Schwester um. Sie hielt ihre Arme vor der Brust verschränkt und wartete auf eine Erklärung.

»Klara, ich ... Es tut mir leid, ich hatte viel zu tun. Das Haus, meine Kundschaft. Ich hatte Verpflichtungen ...«

»Nein, tut es dir nicht.«

»Wie bitte?« Fragend sah er seine Halbschwester an.

»Dir tut es nicht leid. In all den Jahren bist du nur ein einziges Mal zu Besuch gekommen. Zwei Tage bist du geblieben. Kurze zwei Tage, in denen nichts mit dir anzufangen war. Stundenlang hast du auf das Wasser der Mümling gestarrt, anstatt mit uns zu essen oder mit mir spazieren zu gehen. Fehlen wir dir denn gar nicht?«

»Auch ihr hättet mich besuchen können.«

»Vater fesseln viele Verpflichtungen an Crumbach. Und niemals würde er erlauben, dass Mutter und ich uns alleine auf den Weg nach Hoegst begeben.«

Jonathan reagierte nicht auf Klaras Erklärungen. Schweigend sah er zu Boden.

***

Jonathan vermisste den kleinen Wasserfall. Er sehnte sich nach dem Plätschern, das seine Gedanken davontrug und für einen kurzen Zeitraum von sämtlichem Schmerz reinigte. Und das, obwohl an diesem Ort alles begonnen hatte. Doch was hatte überhaupt begonnen? Das Sterben? Die Stunde der Wahrheit? Oder das neue Leben, an das er sich niemals würde gewöhnen können?

Die Hexe von Crumbach, Jonathans leibliche Mutter, hatte überlebt. Tagelang waren Julius und einige Männer des Dorfes auf der Suche nach ihr gewesen, denn Vater hatte den Crumbachern versprochen, ihnen Genefes Leiche zu bringen. Doch ganz gleich, wo und wie lange sie suchten, die Hexe blieb verschwunden.

Mit dem Tag der missglückten Hinrichtung war etwas in Jonathan zerbrochen. Von Tag zu Tag wurde ihm bewusster, dass er sein altes, behütetes Leben nicht wiederbekommen würde. So zog er sich zurück und um ihn herum wurde es still. Auch die Stimmung im Dorf hatte sich verändert. Die meisten Bürger wandten sich von seiner Familie ab. Sie gaben Julius die Schuld, dass die Hexe entkommen war. Vielleicht, das musste Jonathan zugeben, hatten sie recht. Anstatt Genefe aufzuknüpfen, zu verbrennen oder offiziell dem Gericht zu übergeben, hatte sein Vater

Genefe die Chance gegeben, ihrem Schicksal zu entgehen. Die Chance war gering gewesen und doch verfehlten die Pfeile ihr Ziel und die Hexe floh in die Wälder.

Ungeachtet der Ereignisse zog es Jonathan nach nur wenigen Wochen zurück an das Ufer der Mümling. Der Fluss war ein guter Zuhörer. Wenn er seine Füße in das kühle Gewässer gleiten ließ, glaubte er, dass der Fluss selbst durch ihn hindurchfließen und all seine Angst und Trauer mit sich nehmen würde. Doch das Wasser war kälter geworden und ab und an meinte er, eine verhüllte Gestalt an der gegenüberliegenden Böschung zu erkennen. Er musste fort, weg von seinem Heimatort. Tomas' Angebot, zu ihm in das alte Bauernhaus nach Hoegst zu ziehen, kam ihm daher vor wie ein Geschenk Gottes. Die Mümling war ihm treu geblieben, doch hatte sie an diesem Ort ihren heimatlichen Glanz verloren. Jonathan war froh, dass er den Fluss nicht von seinem Fenster aus sehen konnte.

***

Der Müllerssohn, der zu jener Zeit seinem Vater bei der Überführung der Hexe beigestanden hatte, war schon kurz nach ihrer Flucht fortgezogen. Ihm hatte es Jonathan zu verdanken, dass die Hoegster Bürger ihn zwar nicht mit offenen Armen, doch wenigstens mit einem kleinen Lächeln empfingen und ihm eine Chance für einen Neuanfang gaben – ihm, dem Hexenkind.

Nach der missglückten Hinrichtung erfuhren die Crumbacher die Wahrheit; die Meisten hatten es bereits erahnt, dass er nicht das Kind der herzensguten Hilde, sondern der Sohn Genefes war. Julius' Beziehung zu der Dunkelhaarigen war kein Geheimnis gewesen. So dauerte es nicht lange, bis die Geschichte der Crumbacher Hexe und ihres Sohnes sich, unter dem Siegel der Verschwiegenheit, über die Grenzen des Dorfes ausgebreitet hatte.

***

Fünf Jahre waren seither verstrichen. Fünf Jahre, die ihn gelehrt hatten, mit der Vergangenheit zu leben – seine Hoffnung auf Vergessen aber verblasste. Viel zu oft wachte er des Nachts schweißgebadet auf oder Thomas stolperte in seine Kammer, um ihn aus einem Albtraum zu erlösen. Meist waren es verschwommene Fantasien von Personen, deren Gesichter er nicht erkennen konnte. Dann aber, wenn er glaubte, dem Schlimmsten entkommen zu sein, sah er sie: tote Kinder am Ufer der Mümling. Ihre starren, schmerzverzerrten Fratzen verrieten ihr Leid und die leblos in den Himmel blickenden Augen, wie es endete.

***

»Jona?«

Jonathan presste die Lider aufeinander und räusperte sich.

»Ja, ich weiß, ich hätte euch öfter besuchen sollen.«

»Dein Bruder hat schlimme Dinge in Crumbach erlebt, wie du weißt«, erklärte Hilde, um ihrem durcheinander wirkenden Ziehsohn beizustehen. »Seine Besuche erinnern ihn zu sehr an die Vergangenheit«.

Darauf schwieg Klara und Julius ergriff das Wort: »Wie siehst du eigentlich aus, Junge? Geh dich waschen, zieh dir etwas Anständiges an und dann setzen wir uns zusammen. Ich habe etwas äußerst Wichtiges mit dir zu besprechen.«

Nein, sein Vater hatte sich nicht verändert. Jonathan schwieg, drehte seiner Familie den Rücken zu und tat, was Julius ihm aufgetragen hatte.

3. Die Rache

Die Stimme seines Vaters kam aus weiter Ferne. Sie wirkte blechern. Das Rauschen in Jonathans Ohren verschluckte einzelne Worte.

***

Erneut sah er sich durch den Wald flüchten. Er hörte das Monster hinter sich, glaubte, seine gefletschten Zähne spüren zu können. Er rannte, als wäre der Teufel hinter ihm her. Vielleicht war er das auch. Seine Flucht endete jäh. Aus dem Nichts schoss die Mauer aus dem Boden. Jonathan prallte dagegen und stürzte wie ein gefällter Baum zu Boden.

***

»Hörst du mir überhaupt zu?«

***

Seine Sinne schwanden, nur ein Rauschen blieb zurück und eine Stimme.

***

»Jonathan!«

Jonathan schreckte aus seinem Tagtraum auf und sah direkt auf die zum Schlag erhobene Hand von Julius.

»Wie bitte?«, fragte er verwirrt.

»Geht das denn schon wieder los? Herrgott, Jonathan. Du bist ein erwachsener Mann und noch immer verlierst du dich in deinen Fantasien.«

»Bitte, Julius, so fluche doch nicht«, bat Hilde ihren Mann.

»Sieh ihn dir doch an, Liebste. Wir haben uns die Zeit genommen, um meinem Sohn von den Geschehnissen zu berichten – ihn um Hilfe zu bitten und er verliert sich bei meinen Worten in Tagträumen. Eine Schande ist das!«

Hilde schwieg, während Julius sich mit einem tiefen Seufzer abwandte.

»Bitte ... bitte entschuldige Vater. Heute Nacht suchte mich wieder ein Albtraum heim. Dieses Mal war er so greifbar, dass er mich auch am Tag nicht freigibt. Verzeih mir, ich höre dir nun zu.« Julius runzelte die Stirn. Hilde traten Tränen in die Augen. Jonathan war sich nicht sicher, ob sie der Sorge um ihn galten, oder dem, was er nun zu hören bekam.

***

Je mehr Julius berichtete, desto unbehaglicher fühlte sich Jonathan. Er spürte, wie sich seine Nackenhärchen aufstellten. Wieder einmal konnten die Crumbacher nicht ruhig schlafen. Erneut kroch die Angst von Tür zu Tür. Jonathan erhob sich vom Schemel und umfasste mit den Armen seinen Oberkörper, als würde er frieren. Er wollte, dass sein Vater aufhörte zu reden. Er sollte seinen Mund halten und das Haus verlassen. Aber er wusste, dass sein Vater nicht nach Hoegst gekommen wäre, wenn er nicht dringend die Hilfe seines Sohnes benötigen würde. Doch wie sollte er helfen? Er wollte es auch nicht. Am liebsten wäre er davongelaufen, doch stattdessen sagte er:

»Und du glaubst, hinter diesen Taten steckt *sie?* Du berichtest von toten Tieren, deren Blut ausgesaugt wurde. Woher wollt ihr das wissen?«

»Durch einen Schnitt an der Kehle verbluten Lebewesen, doch niemals tritt auch der letzte Tropfen Blut aus dem Körper aus und ganz davon abgesehen – es gibt keine Blutlache. Nirgendwo. Der Lebenssaft ist einfach fort. Nicht mal eine Blutspur ist in der Nähe zu finden.«

»Und seit wann trinken Menschen Blut? Wahrscheinlich war es nur ein Tier. Eine Fledermaus?«

»Fledermäuse legen die Reste ihres Mahles ordentlich, der Reihe nach, an den Rand eines unscheinbaren Dorfes, sodass sie von oben betrachtet ein Kreuz darstellen?«

»Ich suche nur eine logische Erklärung.«

»Genefe handelte nie logisch. Nie dachte sie über ihre Taten nach. Und jetzt sinnt sie auf Rache. Erst sind es Tiere, um uns Furcht einzujagen, danach sind es die Menschen, deren bleiche Körper die Erde Crumbachs bedecken.«

»Du wirst nicht ihr erstes Opfer sein, Vater, schließlich bist du derjenige, der sie verschont hat.«

»Nicht in diesem Ton!«

Beschämt sah Jonathan zu Boden. Was war nur in ihn gefahren, so mit Julius zu sprechen? Kurz herrschte Schweigen zwischen den Männern. Jonathan spürte den wütenden Blick seines Vaters auf sich. Er sammelte neuen Mut und setzte das Gespräch fort: »Du befürchtest die Vergeltung Genefes, das verstehe ich. Doch hältst du es für wahrscheinlich, dass meine Mutter das Blut der Tiere trinkt, um die Crumbacher in Angst und Schrecken zu versetzen?«

Julius sprang auf. »Sie ist nicht deine Mutter!«, schrie er seinen Sohn an. Zornesröte stieg in sein Gesicht, seine Hände ballten sich zu Fäusten.

Jonathan hatte sich geirrt. Julius hatte sich sehr wohl verändert. Zu all der Strenge war eine Aggressivität gekommen, die Jonathan traurig machte. Die Vergangenheit hielt Julius in einer eisigen Umarmung fest.

»Aber Vater, sie ist meine Mutter. Meine leibliche Mutter.«

»Sie ist eine Hexe!«, fuhr der Vater den Sohn an.

»Und doch meine Mutter.« Jonathan wich nicht zurück, sondern ging einen Schritt auf Julius zu. Vor ihm wollte er sich nicht mehr beugen. Er war ein Mann geworden. Da trat Hilde zwischen die Männer.

»Schluss jetzt! Alle beide! Wir sind nicht hier, um zu streiten. Und Jona hat recht. Genefe wird seine Mutter bleiben. Es bringt nichts, das zu leugnen.«

»Hilde, ich habe damit nicht gemeint ...«

»Ich weiß, Jona, mach dir keine Gedanken. Ich weiß, wie du fühlst«, sagte sie liebevoll und wandte sich nun ganz ihrem Ziehsohn zu.

»Wir mussten dir vom Geschehenen berichten, da viele, vor allem dein Vater, der Ansicht sind, dass Genefe zurückgekehrt ist, um Rache zu üben. Ich glaube nicht, dass sie sich noch einmal an den Kindern der Crumbacher vergehen wird, doch unsere Familie ist in Gefahr.«

»Mir würde sie nie etwas tun.«

»Es geht nicht immer nur um dich!«, herrschte ihn Klara an, die an der gegenüberliegenden Wand lehnte und das Gespräch bisher stumm verfolgt hatte. »Hast du schon mal an Mutter und mich gedacht? Die Hexe weiß, dass du dich für uns entschieden hast. Sie hasst uns. Gegen Mutter hegt sie Zorn, da sie Papas Frau und deine Mutter wurde. Und mich hasst sie, weil ich aus dieser Liebe entstanden bin. Also, wir sind nicht gekommen, um dich zu warnen, sondern um uns in Sicherheit zu wissen.«

Julius legte die Stirn in Falten und sah seine Tochter an. Ihre Blicke trafen sich. Klara zuckte die Schultern.

»Wenn ihr euch streitet und du das eigentliche Problem verschweigst, muss ich das halt übernehmen.«

Mit diesen Worten drehte sie ihrem Vater den Rücken zu und stapfte erhobenen Hauptes davon, um sich im Haus ihres Bruders umzusehen, an das sie sich nur noch vage erinnern konnte.

»Wann, bitte, hat nun auch meine Tochter vor mir den Respekt verloren?«, fragte Julius, an Hilde gewandt, die daraufhin die Augen verdrehte.

»Jonathan, ich möchte dich darum bitten, Hilde und Klara eine Unterkunft zu geben, solange ich in Crumbach mit der Sache beschäftigt bin. Pass auf sie auf und sobald du etwas Auffälliges bemerkst, lass einen Boten nach Crumbach kommen.«

»Einen Boten? Wie, bitte, soll ich einen Boten bezahlen?«

»Thomas wohnt doch bei dir? Er hat einen Esel. Er macht das bestimmt gerne für uns.«

»Ich wohne bei Thomas und nicht umgekehrt.«

»Du wirst einen Weg finden.«

***

Am Abend, als seine Familie bereits schlief, trat Jonathan an das Fenster und sah hinaus. Der Mond stand hoch am Himmel und sandte sein Licht silbern zur Erde. Ein Trost bringendes Bild, das jäh zerstört wurde, als er in der Ferne, am Rande des Waldes, ein Licht bemerkte. Es flackerte kurz auf, bevor es einen Wimpernschlag darauf erlosch. Ein ungutes Gefühl regte sich in Jonathan.

Besorgt zog er den Vorhang vor das schmale Fenster. Tief atmete er ein und aus, um sich zu beruhigen. Dann stieg er die wenigen Stufen zu seiner Stube hinauf, um sich in den Kampf mit dem Nachtmahr zu stürzen.

***

Jonathan erwachte durch das Pochen an der Tür. Benommen setzte er sich auf, rieb den Schlaf aus den Augen und versuchte sich zu erinnern. Im Traum war ihm Genefe erschienen:

Jonathan stand in der Mitte. Links von ihm Genefe, rechts wartete Hilde. Beide Frauen breiteten die Arme aus und forderten ihn stumm dazu auf, sich für eine Seite zu entscheiden. Ganz automatisch setzte Jonathan seine ersten Schritte in Hildes Richtung, blieb jedoch abrupt stehen und sah zurück zu Genefe. Ihre langen, schwarzen Haare flatterten im Wind und ihre Augen sagten ihm unmissverständlich: *Du gehörst zu mir!* »Nein, Jona! Geh nicht. Bleib bei mir. Lass mich nicht allein!« Hilde verzweifelte. Jonathan wollte zu ihr, ihr zu verstehen geben, dass nur sie für ihn eine Mutter war, doch seine Beine gehorchten ihm nicht. Langsam, Schritt für Schritt, ging er auf die Hexe zu. Als er vor ihr stand, lächelte sie, dann umfasste sie mit den Händen seinen Hals und drückte zu. Jonathan versuchte zu schreien, doch nicht einmal ein Krächzen drang aus seiner Kehle. Mit letzter Kraft sah er ihr in die Augen. Vergeblich suchte er nach etwas wie Barmherzigkeit. Jetzt war er sich sicher, dass er sterben würde, denn das Einzige, was er erkannte, war grenzenloser Hass.

Das Pochen an der Tür wurde lauter.

»Jona?«, erklang die Stimme seiner kleinen Schwester.

»Komm rein«, rief er ihr durch die verschlossene Tür zu, dann stand er auf und begab sich zur Waschschüssel, um die letzten Bruchstücke des Traums aus seinen Gedanken zu vertreiben.

Er hörte Klaras Schritte auf den Dielen. Sogar ihr geringes Körpergewicht brachte den Boden zum Knarren. Daran mussten Thomas und er dringend arbeiten. Doch sein langjähriger Freund verbrachte jede freie Minute im Nachbarort bei einem Mädchen namens Clementina. Thomas war bis über beide Ohren verliebt und Jonathan wollte ihm die Zeit mit ihr nicht verwehren, um an der alten Hütte zu werkeln. Er konnte ihn verstehen. Mit Eva, der Barbierstochter, erging es ihm ähnlich, nur dass seine Angebetete noch nicht in seinen Armen einschlief.

»Konntet ihr einigermaßen schlafen?«, fragte er Klara.

»Mutter ja. Sie konnte ein paar Stunden schlafen. Vater ist aufgewacht, kurz nachdem du hinauf bist. Er ist die ganze Nacht am Fenster gesessen und hat in die Dunkelheit geschaut.«

»Du warst wach als ich rauf bin?«

»Ja, ich habe dich beobachtet, wie du abwesend am Fenster standest. Was hast du gesehen? Mir war, als wärst du plötzlich sehr blass geworden.«

Als er die Schultern zuckte, fragte Klara: »Glaubst du, dass deine Mutter wieder hier ist?«

»Ich möchte nicht über sie reden, verstanden?«

»Aber ...« Klara nickte. »Ich wollte ja nur ... Ich habe Angst vor ihr.«

»Falls sie wirklich in der Nähe ist, was ich nicht glaube, dann werde ich niemals zulassen, dass sie dir etwas antut.«

»Wie willst du das verhindern?«

»Vater hat euch nicht umsonst hierher gebracht. Wenn ich in deiner Nähe bin, wird sie dir kein Haar krümmen, ich verspreche es dir.«

»Oh, ich ... Ich bin eigentlich gekommen, um… Also, du hast Besuch, Jona. Da ist eine junge Frau – Eva. Wir haben sie hereingelassen. Ich hoffe, das war dir recht.«

»Eva ist hier? Und das sagst du mir erst jetzt?«

Grob schob er seine Schwester zur Seite und griff nach Hose und Hemd.

»Geh! Und sag ihr, dass ich sofort da bin. Und schür schon mal das Feuer.«

»Ich bin dein Gast, hast du das vergessen?«

Jonathans Blick genügte, um Klara zu verstehen zu geben, was er von dieser Aussage hielt. Schnell lief das Mädchen davon, um sich um das Feuer zu kümmern.

4. Verdächtige

Es sprach sich herum, dass der *Crumbacher Junge*, wie die Hoegster ihn nannten, Besuch erhalten hatte. Längst war die Nachricht auch im Hause der Barbierfamilie angekommen und somit auch bei der abenteuerlustigen Eva. Jonathan hatte sich nur wenige Tage nach seinem Einzug in das Bauernhaus in das Mädchen verliebt. Es waren nicht nur das lange, braune Haar und ihre dunklen Augen, vor allem mochte Jonathan ihre quirlige Art und die Neugierde, mit der sie ihn immer wieder ansteckte. Ihre gemeinsamen Einkäufe auf dem Markt dauerten viel zu oft viel zu lange, da Eva auch an den unwichtigsten Dingen Gefallen fand.

***

Als Jonathan in die Wohnstube trat, waren Hilde, Klara und Eva so in ihr Gespräch vertieft, dass sie ihn nicht bemerkten. Schnell wärmte er den Met und goss ihn in einen Becher. Eva war ein besonderes Mädchen. Ganz anders als die restlichen Frauen in der Stadt. Ihre Liebe zum heißen Met – egal um welche Uhrzeit – hatte er sich eingeprägt und verwöhnte sie mit dem Getränk bei jedem ihrer Besuche. Bevor Jonathan ihr den Becher reichen konnte, legte sein Vater die Hand auf seinen Unterarm.

»Sie ist sehr hübsch.«

»Pst, nicht so laut, Vater.«

Julius lächelte und schlug seinem Sohn freundschaftlich auf den Rücken. Eine fremde Geste, die ihn beinahe anwiderte.

»Hör zu, Jona«, begann er darauf. »Ich muss wieder zurück nach Crumbach. Ich gebe Hilde und Klara in deine Obhut. Sollte es Genefe sein, die ihr Unwesen treibt, dann sind die Frauen bei dir am sichersten. Pass auf sie auf und lass mir eine Nachricht zukommen, wenn etwas nicht in Ordnung ist.«

Ohne eine Antwort abzuwarten, griff Julius nach seinem gepackten Beutel. Er räusperte sich und die Frauen blickten auf. Eva erhob sich sofort, um sich von ihm zu verabschieden. Er hauchte Eva einen Kuss auf die Hand und sagte: »Es war mir ein Vergnügen, Sie kennengelernt zu haben, Eva«, dann nahm er seine Frau und seine Tochter in die Arme.

»Pass auf dich auf, Julius«, sprach Hilde. Die Tränen in ihren Augen konnte sie auch durch das viele Blinzeln nicht verbergen.

»Natürlich, Liebste. Sobald Crumbach wieder sicher ist, komme ich zurück und bringe euch nach Hause.«

Nachdem Julius die Tür hinter sich geschlossen hatte, herrschte Schweigen im Bauernhaus. Nur das Knistern des Feuers unterbrach die Stille.

***

Jemand polterte in die Stube. Schnee wehte herein und bedeckte für Bruchteile von Sekunden den Fußboden. Erschrocken fuhren die Frauen herum. Jonathan griff entschlossen nach dem Feuerhaken und hob ihn verteidigungsbereit in die Höhe, um die drei Frauen zu beschützen.

Thomas stürzte vor Jonathan auf die Knie. Ein Teil des Schnees in seinen Haaren schmolz bereits und tropfte an seinem Kinn hinab.

»Jonathan! Es ist was passiert. Du musst ... Die haben ... Du wirst es nicht glauben, es ist ... Oh ... Gott zum Gruße, Hilde ... Klara. Eva, du bist auch hier?«

Jonathan ließ den Haken fallen. Er griff seinem Freund unter die Arme und half ihm auf die Beine.

»Was ist geschehen, Thomas? Hier, der Met ist noch warm. Trink. Hilde und Klara bleiben einige Nächte bei uns. In Crumbach sind seltsame Dinge passiert. Und jetzt erzähl uns in Ruhe, was ...«

»In *Ruhe?* Ich weiß, was in Crumbach geschehen ist. Das Gleiche ist heute Nacht auch hier passiert. Oben am Waldrand haben sie ausgesaugte Tierkadaver gefunden. Sie sind genauso zugerichtet wie die in Crumbach.«

»Ausgesaugte Tierkadaver?« Evas Stimme unterbrach Thomas' Redeschwall. »Was ist hier eigentlich los? Ist es das, was dein Vater in Crumbach klären will?«

Jonathan nickte knapp. Er war ein wenig beleidigt, dass Eva ihn bisher kaum beachtet hatte. Nur eine kurze Begrüßung, nachdem Julius gegangen war. Keine Umarmung.

»Ich wäre wirklich sehr dankbar für ein paar Einzelheiten. So langsam komme ich nicht mehr mit«, meinte Jonathan. Thomas zog seinen nassen Mantel aus und warf ihn achtlos vor den Kamin, dann zog er sich einen Schemel heran und ließ sich neben Eva nieder.

»Vor ein paar Tagen hat es in Crumbach angefangen. Niemand traut sich mehr aus dem Haus, da angeblich eine schattenhafte Gestalt in den umliegenden Wäldern ihr Unwesen treibt.«

»Die Hexe«, hauchte Eva.

»Langsam, langsam. Am Rande des Forstes haben Dorfbewohner aufgeschlitzte, blutleere Tierkadaver aufgefunden, doch dabei blieb es nicht. Nur einen Tag später verrichtete der Mörder sein Werk mitten im Dorf. Tote Tiere lagen sogar in den Gärten der Crumbacher. Alle dachten, Genefe sei zurück, um Rache zu üben an jenen, die sie hinrichten wollten. Aber seit gestern ist auch Hoegst betroffen.«

»Und weiter?«, fragte die Barbierstochter.

Thomas fuhr sich durch das feuchte Haar. »Nichts *und weiter*. Reicht dir das nicht? Entweder ist die Hexe wieder unterwegs oder ein gefährliches Tier treibt sich in den Wäldern herum.«

»Welches Tier trinkt das Blut eines anderen?«, fragte Eva und hob den Metbecher an ihre Lippen.

Keiner ging auf Evas Frage ein. Hilde nahm die Hand ihrer Tochter. »Also sind wir auch hier nicht sicher. Genefe wird uns finden.«

Jonathan trat zu seiner Ziehmutter und kniete sich vor sie. Er glaubte nicht, dass die Bluttaten etwas mit Genefe zu tun hatten.

»Mutter, bitte beruhige dich. Genefe wurde weder gesehen noch tragen die toten Tiere das Todesmal in den Augen. Nicht wahr?« Thomas nickte. »Ich kann mir nicht vorstellen, dass sie zurückgekehrt ist. Vielleicht ist sie gar nicht mehr am Leben.«

Ein schriller Schrei zerriss das Gespräch. Hilde sprang vom Stuhl, während Thomas und Jonathan zur Tür rannten.

***

Der Schrei hallte in Jonathans Ohren nach. Es war Agnes, seine Nachbarin gewesen, die sich zu dieser Tageszeit allein zu Hause befand. Ohne zu zögern, eilten die Männer zum Nachbarhaus. Agnes stand wie versteinert vor der Haustür, ihre Hände vor den Mund geschlagen, aus dem schon der nächste Schrei dringen wollte. Sie waren nur wenige Schritte gelaufen, als sie erkannten, was die Frau aus der Fassung gebracht hatte.

»Um Himmels willen!«, entfuhr es Eva, die ihnen unbemerkt gefolgt war. Sie schlüpfte zwischen den Männern hindurch, trat heran und ging vor dem Kadaver in die Hocke. »Gänzlich ausgesaugt. Kein Tropfen mehr übrig. So etwas habe ich noch nie gesehen!«

»So etwas hat es auch noch nie gegeben. Welches Tier tut so etwas?«, fragte Jonathan und sah dabei hinüber zum nahen Waldrand. Er glaubte einen Schatten zu sehen, der hastig hinter den Bäumen verschwand.

»Ein Tier?«, brach es aus der geschockten Agnes heraus. Sie hatte ihre Hand zur Faust geballt und drohte ihm, als sie auf ihn zutrat. »Du glaubst, es wäre ein Tier gewesen? Pah! Du bist derjenige, der es wissen muss. Du bist schuld an dem, was hier vor sich geht. Du hast das Unglück heraufbeschworen mit dem ersten Schritt in unsere Stadt. Du hast sie hierher gelockt! Du bist ein Fluch, genau wie die Hexe!

Verschwinde, Jonathan! Soll die Hexe das Leben der Crumbacher zerstören, aber nicht unseres!«

Agnes war außer sich. Ihre Stimme überschlug sich. Schweißtropfen glänzten auf ihrer Stirn, trotz der Kälte, die um sie herum herrschte.

»Agnes, bitte beruhige dich. Jonathan kann doch nichts dafür, dass jemand deine Ziege ...«

»Und ob er es kann! Das war die Hexe von Crumbach!«

Da erhob sich Eva. Sie ging auf Agnes zu und sah ihr tief in die Augen. Beinahe berührten sich ihre Nasenspitzen.

»Hysterisches Weib«, begann sie mit leiser Stimme. »Jonathan hatte hier in Hoegst nie eine wirkliche Chance. Alle haben in ihm den Sohn der Hexe gesehen. Doch damit ist jetzt Schluss.«

Sie deutete auf den ausgesaugten Kadaver.

»Dies war keine Hexe, die auf Rache aus ist, es war ein blutrünstiges Tier und wir werden es beweisen.«

»Ach ja?«

»Ja, das werden wir.«

Eva drehte sich zu Thomas und Jonathan um.

»Ich habe etwas zu erledigen. Ich komme morgen Vormittag zu euch ins Bauernhaus. Dann besprechen wir alles. Gehabt euch wohl.«

Mit diesen Worten machte die junge Frau kehrt und eilte davon. Jonathan und Thomas blieben verwundert zurück.

»Was ist geschehen?«, hörten sie Klaras Stimme. Sie und ihre Mutter waren unbemerkt nähergekommen. Als die Frauen die entstellte Tierleiche sahen, wich jegliche Farbe aus ihren Gesichtern. »Jesus Christus!«, entfuhr es Hilde. Klara hingegen schwieg, ohne den Blick von der toten Ziege abzuwenden.

»Der kann uns auch nicht mehr helfen!«, zeterte Agnes.

Jonathan ignorierte sie, legte Hilde einen Arm um die Schulter und gab ihr einen Kuss auf die Schläfe. Agnes beobachtete die liebevolle Gebärde und folgerte: »Du bist also die Ziehmutter des Hexensohns? Wie konntest du ihn nur an dich nehmen? Du hättest ihn ausliefern müssen, dann müssten wir nun nicht in Angst leben.«

Hildes Augen füllten sich mit Tränen. Klara machte Anstalten auf die wütende Frau loszugehen, doch Jonathan hielt sie am Arm zurück.

»Jetzt ist es aber gut!«, herrschte Thomas Agnes an. »Es ist schon ungeheuerlich, dass du Jonathan so angehst, aber lass um Himmels willen Hilde in Frieden! Geh in dein Haus und warte auf deinen Mann. Er wird sich um das Tier kümmern. Los, geh!«

Agnes verengte die Augen, dann tat sie, was Thomas ihr aufgetragen hatte und warf die Tür hinter sich zu.

***

»So also denken die Hoegster über mich.«

Jonathan stand am gesprungenen Stubenfenster und blickte hinaus in das verschneite Städtchen. Thomas hatte ihm schon vor Wochen versprochen, das Glas provisorisch zu reparieren. Jonathan hatte es zuvor selbst versucht und sofort wieder aufgegeben. In manchen handwerklichen Dingen musste er Thomas den Vorzug geben. In diesem Augenblick aber war es Jonathan egal, dass noch mehr Kälte in das Haus drang.

Wie konnte es nur sein, dass er die Abneigung der Hoegster gegen ihn nie bemerkt hatte? Thomas stellte einen Becher Met auf den Tisch.

»Hier, Jona, trink. Wird dich ablenken.«

»Wird es nicht! Hast du nicht gehört, was Agnes gesagt hat? Sie glauben, ich bin verflucht. Sie denken, ich bringe Unglück über die Stadt.«

»Jetzt nimm das doch nicht so ernst. Agnes stand unter Schock, was man verstehen kann, bei dem Anblick, den ihre Ziege geboten hat.«

Jonathan wandte sich seinem Freund zu.

»Genau dieser Schock war es, der sie dazu brachte mir ins Gesicht zu sagen, was alle denken.«

»Das denken nicht alle, glaub mir. Sieh dir Eva an, ich bin mir sicher, sie trifft bald hier ein und hat eine Idee, wie wir weiter vorgehen.«

»Also ist es doch wahr, was Agnes gesagt hat und du wusstest es?«

»Ich wusste was?«

»Was sie von mir halten. Dass sie Angst vor mir haben.«

»Sie hatten auch Angst, als ich hierhergezogen bin. Jeder kennt die Geschichte der Hexe von Crumbach. So etwas verbreitet sich wie ein Lauffeuer, das weißt du doch.«

»Aber du bist nur ein ehemaliger Crumbacher, nicht der Sohn der Hexe.«

Thomas sah schweigend in seinen Becher.

»Wahrscheinlich habe ich die Arbeit in Siegfrieds Barbierladen nur seiner Tochter zu verdanken. Gewiss hat Eva für mich gesprochen. So wie du auf dem Markt, damit mir überhaupt jemand etwas verkauft. Habe ich recht?«

»Jona ... Ich ...«

»Habe ich recht?«

Wieder schwieg Thomas und wandte den Blick ab, da klopfte es.

Jonathan öffnete Eva die Tür. Aufgeregt und in einen viel zu dünnen Umhang gehüllt, trat sie ein. Sie griff nach dem Becher auf dem Tisch, den Thomas für Jonathan gefüllt hatte und trank einen großen Schluck warmen Mets.

»Die ganze Stadt ist auf den Beinen! Fast in jedem Garten ist ein totes Tier gefunden worden«, erzählte sie mit gehetzter Stimme. »Alle zugerichtet wie Agnes' alte Ziege. Einige davon müssen schon länger tot sein, denn die Verwesung hat bereits eingesetzt. Jemand oder *etwas* muss sie hierher gebracht haben. Manche sagen, sie hätten am Abend zuvor eine Gestalt auf der Anhöhe gesehen. Die einen sagen, es war ein großes Tier, die anderen sind sich sicher, die Crumbacher Hexe sei zurück.«

Thomas' Lachen unterbrach Evas Redeschwall.

»Pscht!«, machte sie und fuhr fort. »Einerlei, was oder wer es war. Dort im Wald ist etwas und dieses Etwas ist gewiss für alles verantwortlich.«

»Und jetzt?«, fragte Jonathan. »Soll ich zurück nach Crumbach, weil ich Angst haben muss, dass mich ein Hoegster von hinten erschlägt?«

Eva verschränkte die Arme vor der Brust.

»Ja, Jonathan. Die Hoegster haben große Furcht, dass du deine Mutter hergelockt hast.«

»Hilde ist meine Mutter!«, entfuhr es ihm mit schärferer Stimme, als er beabsichtigt hatte und er war froh, Hilde und Klara auf dem Hoegster Markt zu wissen.

»Glaubst du, dass es Genefe war? Hat sie die Tiere getötet? Kann es wirklich sein, dass sie Blut trinkt und die ausgesaugten Körper liegengelassen oder hierher gebracht hat?«

»Nein!«

»Also werden wir uns jetzt auf den Weg machen und das beweisen.«

»Du bist verrückt!«

Eva nickte. »Ich weiß, das ist eine Sache, die man mir schon öfter gesagt hat. Wir gehen in den Wald und fangen das Monster.«

5. Die Blutjagd

Eva war anders als alle Frauen, die er bisher kennengelernt hatte. Ihre Abenteuerlust war erstaunlich. Obwohl die größte Zahl der Hoegster und Crumbacher Genefe für die Taten verantwortlich machte, hatte Eva keine Angst, mit Thomas und ihm in den Wald und der Sache auf den Grund zu gehen. Im Gegenteil, sie stachelte die Freunde immerzu an, die Wahrheit aufzudecken. Sie hatten sich Mäntel übergeworfen und ein kleines Mahl aus Obst und Brot in Beutel gepackt. Die wenigen Hemden, die Jonathan besaß, hatte er übereinander gezogen. Trotzdem, das wusste er, würde er im Wald frieren, doch das nahm er in Kauf. Untätig herumsitzen und warten, bis Julius wiederkommen würde, kam nicht in Frage.

Er gab Hilde und Klara einen Kuss auf die Stirn und verabschiedete sich. »Bleibt hier. Schließt Fenster und Türen. Macht niemandem außer Dorfmeister Erhard auf. Er weiß von eurem Besuch.«

»Bitte, geh nicht«, flehte Hilde. »Wenn es doch Genefe ist … Wenn sie dir etwas antut …«

»Nein, Mutter, das wird sie nicht. Bitte hab keine Angst, wir gehen nicht auf Hexenjagd. Wir wollen nur einer Spur folgen und den Dorfbewohnern beweisen, dass es ein Tier war.«

»Auch ein Tier kann euch gefährlich werden.«

»Ich kann nicht tatenlos hier herumsitzen und zuhören, wie Hoegst meine Familie verteufelt. Nein, Mutter, ich muss etwas unternehmen.«

»Habt ihr wenigstens alles gut durchdacht?«

»Sicher haben wir das«, unterbrach Eva Hilde. »Mach dir keine Sorgen.« Jonathan nahm Hildes Hände in die seinen. »Ich komme zu Euch zurück, ich verspreche es.«

Eine Träne rollte über ihre Wange. »Versprich nichts, was du nicht sicher weißt.«

»Ich komme zurück, Mutter!«

Klara schwieg. Sie sah ihren großen Bruder nur aus traurigen Augen an. Kurz stand Jonathan davor, sie noch einmal in die Arme zu schließen, entschied sich dann aber anders und verließ gemeinsam mit Eva und Thomas das Haus.

***

Auf dem Weg Richtung Waldrand wurden sie aufgehalten. Gerdi, ein Junge aus der Nachbarschaft, lief ihnen, mit beiden Armen winkend, entgegen. Sie blieben stehen und Jonathan fragte: »Was ist denn?«

»Es ist etwas Schreckliches geschehen! Ihr müsst mit mir kommen.«

»Was ist passiert?«, fragte Eva.

»Schon wieder tote Tiere! Vor dem Haus des Dorfmeisters liegen vier tote Schweine. Ausgesaugt, wie die alte Ziege!«

»Meint er Agnes oder ihr Tier?«

»Thomas!«, schalt Jonathan seinen Freund, »das ist nicht witzig.«

Thomas zuckte mit den Schultern. Eva packte Jonathans Arm und zog ihn mit sich. »Das sollten wir uns ansehen, bevor wir auf Hexenjagd gehen.«

»Hexenjagd? Du glaubst also auch, dass es ...«

»Das habe ich doch nicht gesagt. Es hört sich nur aufregender an, als auf Fledermausjagd zu gehen, oder?«

»Wartet!«, rief der Junge ihnen hinterher. »Die toten Schweine sind nur das geringste Übel.«

»Was meinst du damit? Sag schon, Bursche«, forderte Thomas.

»Michel.«

»Michel? Was ist mit ihm?«

»Also ...«

Da packte Thomas den Jungen am Arm und zog ihn nah an sich heran.

»Mach keine Possen! Raus mit der Sprache.«

Der Junge wand sich in Thomas' Griff.

»Er ist tot.«

»Wer ist tot?«

»Michel.«

Thomas lockerte kurz den Griff. Der Junge befreite sich und rieb sich den schmerzenden Arm.

»Michel ist tot«, wiederholte er.

»Du lügst!«, schrie Thomas ihn an.

»Tue ich nicht. Er liegt zwischen den Schweinen. Ausgesaugt bis auf den letzten Tropfen.«

»Das ist nicht wahr.«

Jonathan berührte Thomas' Schulter, doch der schlug seine Hand beiseite.

»Der Junge lügt. Ich habe erst gestern Abend mit ihm beisammengesessen.«

»Das werdet ihr so schnell wohl nicht mehr machen können.«

Thomas schüttelte den Jungen und rügte ihn seiner Frechheit.

»Aufhören! Lass ihn«, mischte sich Eva ein. »Lasst uns zu Erhards Haus gehen.«

Sie liefen schnell, doch waren sie längst nicht die Ersten, die vor dem Haus des Dorfmeisters eintrafen.

Gerdi hatte nicht gelogen. Jedes seiner Worte entsprach den Tatsachen:

Vier tote Schweine und ein totes Schaf lagen in Reih und Glied vor dem Haus. Ihre Körper waren blutleer und mit der rituellen Verletzung an den Hälsen versehen. Feinsäuberlich waren sie aufgereiht worden. Der Mörder folgte einem Ritual, da war sich Jonathan sicher. Das aber sprach gegen ein blutrünstiges Tier. Die toten Tiere jedoch verschwammen vor seinem Blick, als Jonathan das entdeckte, weswegen die ganze Stadt herbeigeeilt war: Zwischen den Tieren lag noch eine Leiche. Und es war kein Tier. Es war tatsächlich der Sohn des Dorfmeisters. Michel lag mit verrenkten Gliedern zwischen zwei Schweinen. Seine Haut war so weiß wie der wenige Schnee, auf dem er lag, der nicht mit Blut getränkt war. Seine Kehle war aufgeschlitzt. Der Kopf des Mannes war beinahe gänzlich vom Körper abgetrennt worden. Jonathan schüttelte sich vor Abscheu. Welches Tier sollte zu so etwas fähig sein? Michels Mutter kniete vor seiner Leiche, weinte und schrie. Sie schrie all ihren Schmerz hinaus und doch würde ihn ihr niemand nehmen können. Sie hatte den einzigen Sohn verloren und nach dem Tod ihrer Tochter im vergangenen Winter auch noch das einzige Kind. Erhard, der Dorfmeister, stand regungslos daneben. Kein Zucken in seinem Gesicht, nichts, nur eine fürchterliche Leere in seinen Augen. Viele der Hoegster weinten und schluchzten. Jeder kannte Michel, jeder mochte den gutherzigen Sohn des Dorfmeisters, der immer zur Stelle war, wenn Hilfe benötigt wurde. Jonathan reckte sich auf die Zehenspitzen, doch konnte er durch die Menge nicht mehr sehen als den leblosen Körper.

»Kannst du seine Augen sehen?«, wollte er von Thomas wissen. Auch der streckte sich, schüttelte dann aber den Kopf.

»Ich weiß, was du wissen willst. Warte hier.«

Thomas drängte sich durch die Menschen. Schubste hier und da, bis er so weit nach vorne kam, dass er die Leiche genauer betrachten konnte. Es vergingen nur wenige Sekunden, bis er wieder neben Jonathan stand.

»Nichts«, sagte Thomas und wurde von einem Weinkrampf geschüttelt. Als er sich beruhigt hatte, sagte er: »Keine Punkte. Nur starre Augen, die nie wieder etwas sehen werden.«

»Gut. Also, ich meine ...«

»Schon gut.« Thomas legte Jonathan die Hand auf die Schulter. »Ein Beweis, dass es nicht das Werk Genefes ist.«

Jonathan nickte. Gleichzeitig beschlich ihn das Bedürfnis zu fliehen. Es lag nicht in seiner Macht, etwas an den Geschehnissen in dieser Stadt zu verändern. Er trug für nichts die Schuld und doch wollte er fort, mehr als alles andere.

Jonathan stieß Thomas in die Seite.

»Können wir gehen? Ich halte das hier nicht mehr aus.«

»Ja, gleich. Erhard hat Eva zu sich gerufen. Schau.«

Jonathan sah zum Haus hin, wo Eva dicht neben dem Dorfmeister stand, d etwas zuflüsterte. Jonathan runzelte die Stirn. Was nur war es, das der Dorfmeister Eva mitteilte? Vielleicht nur eine Nachricht an Evas Vater, da diese gute Freunde waren?

Jonathan wandte sich von dem traurigen Schauspiel ab und ging einige Schritte Richtung Stadtrand. Kaum ein paar Minuten später traten Eva und Thomas an seine Seite.

»Wollen wir jetzt aufbrechen? Ich muss mir nicht noch länger diese Grausamkeit ansehen. Lasst uns den Mörder finden und unserer Stadt zum Fraß vorwerfen.«

»Was wollte Erhard von dir?«, fragte Thomas.

Eva winkte ab. »Unwichtig. Los, lasst uns gehen.«

***

Die Winterwolken hatten den Kampf gegen die Sonne verloren und gaben die wärmenden Strahlen frei. Der Schnee glänzte und Jonathan spürte das Verlangen, sich auf einem Baumstamm niederzulassen und das Naturschauspiel zu beobachten. Es war die Sehnsucht nach Normalität, die er für kurze Zeit hatte erleben dürfen. Der kostbare Alltag jedoch fand mit dem Auftauchen seiner Familie ein jähes Ende. Nun trennten ihn kaum mehr als fünf Schritte vom dunklen Forst und einer Jagd.

Was würden sie jagen? Ein unbekanntes Tier, das sich vom Blut anderer Tiere ernährte und Menschen tötete, weil sie ihm zu nahe gekommen waren? Oder jagten sie einen Menschen, einen Mörder, der aus irgendeinem Grund Aufmerksamkeit durch seine Opfer erregen wollte?

»Was wir gerade gesehen haben, kann kein Tier getan haben.«

Evas Stimme zerrte Jonathan unsanft aus seinen Gedanken. Die Bilder vor seinen Augen verschwammen und er strauchelte. Schnell griff Thomas seinen Oberarm, um ihn zu stützen.

»Alles in Ordnung, Jona?«

Jonathan presste die Lider zusammen und atmete einige Male tief ein und aus.

»Ja, ja, alles in Ordnung. Nur ein kurzer Schwindel.«

»Kein Wunder, bei dem Anblick, den Michel bot. Mir ist heiß und kalt geworden.«

»Was ist jetzt?«, unterbrach Eva ihre Begleiter ungeduldig. »Gehen wir auf die Jagd oder nicht? Und was glaubt ihr? Mensch oder Tier? Verrückter oder Bestie?«

»Hast du denn kein Mitleid?«

»Was meinst du?«

»Wir haben gerade Michels Leiche gesehen, seine aufgeschlitzte Kehle, und du kannst nur an deine Jagd denken?«

»Aber genau das war unser Vorhaben, herauszufinden, wer hinter all den Taten steckt. Und du hast es soeben gesagt: aufgeschlitzte Kehle. Wenn es ein Tier gewesen wäre, wäre sie aufgerissen und nicht so fein säuberlich ...«

»Sei doch endlich still. Da kann einem ja nur schlecht werden. Das hier ist kein Spiel, Eva. Mittlerweile geht es um Menschenleben!«

»Ganz genau, und deswegen ...«

»Schluss jetzt!«, entfuhr es Jonathan. »Thomas, sie hat recht. Wir müssen herausfinden, wer das war. Ich habe die Blicke der Menschen gespürt. Sie lasten auf mir, als wäre ich selbst der Mörder. Sie sehen die Toten, dann sehen sie mich und wenn sie mich sehen, sehen sie Genefe.«

»Aber ich sagte dir doch, da waren keine Punkte in den Augen.«

»Ich glaube dir ja. Aber die Menschen haben seit jeher einen Schuldigen gebraucht. Niemand hat die Leiche Genefes gefunden. Fast alle sind der Meinung, dass die Hexe von Crumbach noch lebt. Sie müssen keinen Missetäter suchen, sie haben längst einen.«

»Und was willst du in diesem Wald?«

»Das Gegenteil beweisen. Ich will beweisen, dass Genefe keine Mörderin ist.«

»Nicht mehr«, berichtigte Eva den Satz.

Thomas fasste seinen jüngeren Freund an den Schultern und sah ihm direkt in die Augen.

»Dort draußen ist irgendetwas. Mensch oder Tier, wie dem auch sei, wenn wir auf diese wahnsinnige Jagd gehen, kann es uns das Leben kosten.«

»Ich werde dich nicht aufhalten, wenn du zurück ins Bauernhaus gehst. Pas Klara und meine Mutter auf.«

»Und du glaubst, dass ich das mache? Ich habe schon einmal Todesängste durchgestanden, da kommt es auf ein weiteres Mal nicht an. Ich lass dich nicht allein.«

Eva trat heran und legte eine Hand auf Jonathans Rücken. Eine schaurige Wärme durchflutete ihn.

»Er ist nicht allein, Thomas! Wenn du gehen willst, geh!«

In diesem Augenblick wünschte er sich, Thomas würde sie beide wirklich allein lassen. Eva faszinierte ihn, selbst in dieser Situation.

Thomas musterte Eva eine Weile mit einem kritischen Blick, dann meinte er: »Vergiss es!«, schulterte seinen Beutel und ging voraus in den verschneiten Hoegster Winterwald.

***

Der Tag neigte sich dem Abend zu. Lange waren sie bereits unterwegs und nichts Unnatürliches weckte ihre Aufmerksamkeit. Alles war ruhig. Der Schnee knirschte unter ihren Füßen und der Wind flüsterte in den Kronen der Bäume. Das anfängliche Unbehagen in Jonathan und das wilde Klopfen seines Herzens legten sich. Noch immer spürte er Evas Hand auf seinem Rücken und er stellte sich vor, wie es wäre, wenn sie noch andere Stellen seines Körpers berühren würde. Obwohl er seine Gedanken nicht laut aussprach, fühlte er, wie die Schamesröte seine Wangen zum Glühen brachte.

Thomas wanderte in einigen Metern Entfernung, was Jonathan die Chance gab, alleine mit Eva zu reden. Tief atmete er die kalte Waldluft ein, als würde er aus ihr neuen Mut schöpfen können.

»Eva?«

»Ja?«

»Was ist das eigentlich zwischen uns?«

Eva hob die Augenbrauen, ohne ihn dabei anzusehen.

»Was meinst du, Jona?«

»Na ja, also, ich meine, wie stehen wir zueinander?«

»Wir sind Freunde.«

Jonathan nickte stumm und sah zu Boden, wo seine Füße tiefe Abdrücke im Schnee hinterließen.

»Sehr gute Freunde«, sprach Eva weiter.

»Und der Kuss?«

Jetzt sah Eva auf. Sie lächelte.

»Ein sehr schüchternes Küsschen, findest du nicht?«

»Wäre es dir lieber gewesen, ich hätte dir, nur wenige Meter von deinem Vater entfernt, das Kleid vom Leib gerissen?« Jonathan schluckte schwer, noch bevor er den Satz ganz ausgesprochen hatte. Eva lachte auf. Ihr Lächeln war unbeschreiblich. Gleichzeitig fragte sich Jonathan, ob es richtig war, was er da soeben gesagt hatte, schließlich waren sie, ihrer Meinung nach, nur Freunde.

»Nein. Das wäre nicht gut gewesen. Aber dein Küsschen auf meine Wange fand ich schon sehr aufregend. Schließlich hast du es während der Andacht getan. Das hat mir gefallen.«

»Hat es das?«

»Oh ja.«

»Würde es dir noch einmal gefallen? Hier im Wald?« Was war nur mit ihm los? Woher kam der plötzliche Mut?

Eva blieb stehen und sah Jonathan ernst in die Augen. Er befürchtete das Schlimmste und wollte vermeiden, dass sie sich von ihm abwandte.

»Vielleicht«, war Evas Antwort. Begleitet von einem verschmitzten Lächeln, tänzelte sie ein Stück von ihm fort. Jonathan konnte ein Grinsen nicht unterdrücken und folgte ihr mit klopfendem Herzen. Der tote Michel, die Blicke der Menschen, ihr eigentliches Ziel – alles verblasste im Strudel der Gefühle.

***

Thomas entzündete eine Fackel und reichte sie Jonathan. Der Schein des Feuers ließ sein Gesicht alt und streng wirken. Die Sorgenfalte jedoch war Jonathan schon zuvor aufgefallen. Wie lange waren sie bereits unterwegs? Er hatte sein Gefühl für die Zeit verloren.

Während Eva wenige Meter vor ihnen wanderte, trat Thomas an Jonathan heran. »Und?«, flüsterte Thomas in die Stille hinein. »Hat sie dich um den Finger gewickelt?«

»Was meinst du?«

»Tu nicht so. Mir ist schon klar, warum sich Mann und Frau im Wald in die Büsche schlagen. Bestimmt nicht, um Trüffel zu suchen.«

»Es scheint, als würdest du dich nicht für mich freuen.«

»Da hast du recht.«

»Was ist los mit dir, Thomas? Ich war auch skeptisch wegen Clementina und habe dir trotzdem die Daumen für eure Beziehung gedrückt.«

»Ich traue Eva nicht. Habe ich noch nie.«

»Aha, und das erfahre ich erst jetzt?«

»Es gab bisher keinen Grund, meine Zweifel vor dir zu äußern.«

»Ich dachte, wir wären Freunde.«

»Genau das ist der Grund. Ich wusste, dass du sie sehr gerne hast.«

»Warum misstraust du ihr?«

»Unwichtig.«

»Unwichtig? Du misstraust ihr und folgst ihr in den Wald, wo ein Mörder sein Unwesen treibt?«

Thomas nickte, eine Geste, die im Fackelschein einem Kopfschütteln ähnelte.

»Lass uns in Ruhe reden, wenn wir zu Hause sind. Versprich mir, dass du vorsichtig bist.«

Jetzt war es Jonathan, der stumm nickte.

***

Sie liefen schweigend eine Weile nebeneinander her. Eva, mittlerweile gänzlich ihrer Abenteuerlust erlegen, verschwand plötzlich zwischen den Büschen. Das Rauschen des Abendwindes hatte das Geräusch ihrer Schritte verschlungen. Jonathan sorgte sich. Es gefiel ihm gar nicht, dass sie nicht in seiner Nähe war, wo er sie beschützen konnte. Das hatte er ihr auch gesagt, doch sie hatte nur liebreizend gelächelt. Und ihm zu verstehen gegeben, dass Mädchen bei gewissen Notdürften lieber allein sein wollten.

Eine Weile später ertönte ein Schrei, der die angebrochene Nacht zerschnitt. Jonathan und Thomas fuhren herum, rannten zurück und blickten in die Dunkelheit des Dickichts, wo Eva verschwunden war. Doch sie konnten nichts erkennen. Für den Bruchteil einer Sekunde sahen die Freunde sich an, dann sprangen sie in das Strauchwerk und riefen Evas Namen.

Zweige schlugen Jonathan in das Gesicht. Er spürte, wie ein Dorn seine Wange streifte und eine Blutspur hinterließ. Er ignorierte den brennenden Schmerz und rannte weiter. Wieder und wieder riefen sie nach Eva, bis sie endlich eine Antwort erhielten.

»Hier!«, hörten sie ihr Rufen. »Ich bin hier!«

Hinter einer dicken Tanne entdeckten sie die junge Frau, die tief im Schnee kniete.

»Was ist passiert?«

»Ich bin draufgetreten.«

»Draufgetreten, auf was?«

»Auf das!«

Eva stand auf und bot beinahe stolz ihren schrecklichen Fund dar – ein Rehkitz. Das tote Tier wies die gleichen Merkmale auf wie die Schweine, Ziegen und der arme Michel.

»Dort drüben liegen noch ein Marder und ein Fuchs«, berichtete Eva sachlich.

Jonathan schloss die Augen, zu grausam war der Anblick. Wieder hatte die Bestie getötet, wieder hatte sie ihre Spuren hinterlassen. Aber diesmal hatte der Täter unsauber gearbeitet. Wo war seine Liebe zur Ordnung? Wo war sein Ritual? Hatte ihn jemand überrascht oder würde er sogleich hier auftauchen und sein Werk vollenden? Vielleicht war es auch reine Berechnung. Wer oder was auch immer im Wald lauerte, es wollte gejagt werden.

»Kein Tier. Niemals«, meinte Thomas flüsternd. »Tiere töten aufgrund ihres Instinktes, das hier aber, das ist berechnend.«

»Ja«, stimmte Jonathan zu. »*Es* will, dass wir es finden.«

»Das heißt also, die Bestie ist ganz in unserer Nähe.« Eva rieb sich die Hände, als sie fortfuhr: »Das wird ja immer aufregender.«

Thomas schüttelte den Kopf. »Dir kann man nicht mehr helfen, oder? Ist dir eigentlich klar, dass hier irgendwo, vielleicht schon hinter dem nächsten Baum, ein Mörder darauf wartet, erneut zuzuschlagen? Wir könnten schon bald so enden wie Michel. Willst du das?«

»Das wird schon nicht passieren«, meinte Eva und zuckte mit den Schultern.

»Woher willst du das wissen?«

»Ich fühle, dass ich den Tod nicht durch ein bluttrinkendes Wesen finden werde.«

»Oh, na dann können wir ja unbesorgt weiterjagen.« Thomas wechselte die Fackel in die andere Faust und stapfte zurück auf den zugeschneiten Pfad, gefolgt von den beiden anderen.

»Habt ihr das gehört?« Jonathan stellte die Frage lauter als beabsichtigt. Sein Atem ging schnell, er wurde zunehmend nervöser. Das Schnaufen war ganz nah. Er fühlte sich in seinen Traum versetzt.

Die Bestie ist uns auf den Fersen, er spürte es, er hörte es.

»Was sollen wir hören?«

»Dieses ... dieses Keuchen.«

»Ein Keuchen?«, fragte Eva aufgeregt. »Von wo kam es?«

»Ich… ich weiß es nicht. Ich vernehme es von allen Seiten.«

»Hör auf, Jonathan. Da war nichts. Das hast du dir eingebildet.«

Jonathans Hände ballten sich dicht an seinem Körper zu Fäusten. Wie oft hatte er das schon hören müssen. *‚Das hast du dir eingebildet, Junge, nur eine Ausgeburt deiner übertriebenen Fantasie‘.*

»Sag du mir nicht, was ich gehört habe und was nicht!«

Thomas schlug die Augen nieder.

»Verzeih mir, ich habe nicht nachgedacht. Es war gewiss ein Fuchs oder ein Wolf? Wir sollten ein Nachtlager suchen und Feuer machen, damit die Kreaturen von uns fortbleiben.«

Während sie eine geeignete Stelle zum Schlafen suchten, trat Eva neben Jonathan und nahm seine Hand in ihre.

»Fürchtest du dich, Jona?«

Er sah sie an. Ihr Gesicht war in der Dunkelheit des Waldes kaum auszumachen und doch war er sich sicher, ein spöttisches Funkeln in ihren Augen zu erkennen. Was sollte er sagen? Er wollte sie nicht anlügen, aber zugeben, dass er schreckliche Angst hatte, das konnte er nicht. Nicht vor Eva.

»Fürchten?«, fragte er, um Zeit zu gewinnen. »Nein, ich habe keine Furcht. Und du musst auch keine haben, ich werde dafür sorgen, dass dir nichts geschieht.«

»Du bist ein wackerer Recke«, sagte sie und streckte sich zu ihm herauf. Ihre Lippen berührten kurz und sacht seinen Mund, dann ließ sie sogleich wieder von ihm ab und ging weiter. Als auch Jonathan sich zum Gehen wandte, sah er direkt in Thomas' Augen, die im Fackelschein vor Argwohn sprühten. Er schnaufte laut, drehte sich um und folgte Eva. Jonathan rieb sich mit einer Hand über das Gesicht. Er spürte in seinen Muskeln, wie erschöpft er war. Doch es war nicht nur die Müdigkeit, die sich in seine Glieder schlich. Er fühlte es – jemand war hier. Sie wurden beobachtet. Langsam, als würde es die Gefahr mildern können, wandte er sich um und sah zurück ins Dickicht. Nichts außer Schwärze. *Jonathan, du Idiot*, schalt er sich in Gedanken, *du bist wirklich ein Hasenfuß.*

Schlagartig loderte ein Licht in der Finsternis auf. *Was, zum Teufel ...?* Erst ein Knarren, dann ein Schnauben. Jonathan erstarrte. Bewegungslos stand er im knöcheltiefen Schnee des Waldes, nicht in der Lage sich zu regen. Sein Herz hämmerte schmerzhaft gegen seinen Brustkorb, als wollte es herausspringen. Sein Atem ging laut und hektisch.

Plötzlich ertönte das Keuchen von Neuem. Der Schnee knirschte unter schweren Schritten. Der Mörder war da.

Herr, steh mir bei, betete Jonathan in Gedanken – die Bestie stand direkt hinter ihm, er konnte ihren eisigen Atem spüren. Er presste die Lider zusammen, atmete noch einmal tief ein, dann rannte er los. So schnell ihn seine Beine tragen konnten, jagte er durch den Schnee. Äste peitschten ihm ins Gesicht. Eine Wurzel brachte ihn ins Straucheln. Dann endlich sah er Thomas' Fackel. Ein letztes Mal zog er das

Tempo an. Eva und Thomas drehten sich um und Jonathan begann zu schreien: »Lauft! Lauft um euer Leben!«

6. Wahrheit

Sie rannten, ohne zu wissen, wohin ihre Füße sie trugen. Sie sprangen über Wurzeln und rissen Sträucher mit sich. Der Schnee erschwerte die Flucht und nach nur wenigen Sekunden keuchten sie vor Anstrengung. Keiner jedoch verlangsamte seinen Lauf. Jonathan hoffte inständig, dass Thomas, der die Fackel übernommen hatte, diese auch fest genug in seiner Hand hielt.

Auf einmal verharrte Thomas. Zwangsläufig blieben auch Eva und Jonathan stehen und folgten seinem Blick. Links von ihnen erhob sich ein Hügel.

»Rauf da!« Es war ein Befehl und Jonathan und Eva gehorchten.

Auf allen Vieren kletterten die drei Jäger, die nun Gejagte waren, hinauf. Immer wieder rutschten sie auf dem Schnee aus und fielen zurück. Röchelnd folgte ihnen der Feind. Die Anhöhe war abschüssiger als von unten aus erahnt. Völlig entkräftet kamen die Freunde oben an. Thomas erhob die Fackel, doch der Schein reichte nicht weit genug, um am Fuße des Hügels etwas zu erkennen.

»Scht«, machte er.

Die anderen hielten den Atem an. Sie lauschten. Keine knackenden Äste, kein knirschender Schnee. Auch das Keuchen war verklungen.

»Hörst du es noch?«, fragte Thomas.

»Nein, es war von jetzt auf gleich still. Vielleicht hat es aufgegeben.«

***

Nahe eines schroffen Felssturzes schlugen die Freunde ihr spärliches Nachtlager auf und aßen sich an ihrem Proviant satt. Jonathan aber hatte keinen Appetit. Die überstandene Flucht fühlte sich an wie sein wahr gewordener Albtraum. Es fehlte nur die weiße Wand und das herablaufende Blut. Er erschauderte. Nein, so durften sie nicht weitermachen. Diese Jagd war ein Fehler. Sie mussten umkehren. Jonathan entschuldigte sich und schlich einige Meter in das Dickicht. Schnell verrichtete er seine Notdurft. Als er sich frierend an das winzige Lagerfeuer zurückbegeben wollte, hörte er Thomas' gedämpfte Stimme: »Warum bist du so wild darauf, diese Bestie zu finden? Was glaubst du denn, was dann passiert? Hast du keine Angst, dass sie auch uns tötet?«

Anstatt sich zu seinen Freunden zu setzen und ihnen vorzuschlagen, die Jagd aufzugeben, blieb er geduckt stehen und lauschte.

»Wir müssen einfach schneller sein.«

»Einfach schneller? Du bist eine Närrin, Eva! Du hast selbst die Leiche von Michel gesehen. Der Arme wurde ausgesaugt bis auf das letzte bisschen Blut. Was immer es war, es war kein Tier, das du mit einer Waffe niederstreckst oder mit einer Falle zur Strecke bringst. Mal davon abgesehen, dass wir Idioten nur mit einem lächerlichen Arbeitsmesser bewaffnet sind. Was haben wir uns eigentlich dabei gedacht? So dumm kann man gar nicht sein und doch sitze ich hier.«

Eva zuckte mit den Schultern.

»Das macht die Sache nur noch spannender.«

»Ich glaub es nicht!«, sagte Thomas nun etwas lauter. »Du hattest nicht den geringsten Plan, als wir losgezogen sind, oder?«

Die junge Frau schüttelte den Kopf.

Thomas verdrehte die Augen und stand auf. Er richtete den Zeigefinger auf Evas Stirn.

»Du bist wirklich so, wie viele sagen: süchtig nach Abenteuern. Du brauchst diesen Nervenkitzel, nicht wahr? Und ich war so dumm und habe mich mitreißen lassen von dieser kranken Idee, auf die Jagd zu gehen. Du kannst allein dein Ungeheuer suchen. Wenn Jonathan wieder hier ist, hauen wir ab.«

»Nein!«, rief Eva und hielt ihn am Arm fest. »Ihr könnt nicht zurück. Erhard wird Jona umbringen lassen.«

»Wie bitte?«

»Bevor wir uns auf den Weg gemacht haben, hat Erhard mir aufgetragen, Jonathan zu ihm zu schicken. Dann habe ich zwei Männer flüstern hören, dass Jona ins Verlies soll, falls es doch Genefe war.«

»Der Dorfmeister hat nach Jonathan verlangt und du sagst uns nichts?«

»Die Hexe hat seinen Sohn getötet. Du glaubst doch nicht, dass Erhard ihn zur Sicherheit in eine Zelle einsperrt. Er wird ihn umbringen lassen oder direkt an Genefe ausliefern, um die Stadt zu schützen.«

»Du glaubst, dass es die Hexe ist, die ihr Unwesen treibt?«

»Ich hoffe es.«

»Du hoffst es?«, wiederholte Thomas schockiert.

»Ja!« Eva sprang auf. »Seit Jonathan zu dir in das Bauernhaus gezogen ist, hoffte ich, dass endlich mal etwas Spannendes in Hoegst passiert. Ein Junge, dessen Mutter eine Hexe ist. Ein Hexenkind in unserer Stadt. Etwas Aufregenderes kann es doch nicht geben, und als dann die ersten Kadaver gefunden wurden, wusste ich, dass die Langeweile ein Ende hat.«

Thomas starrte Eva an. Ihre Augen waren weit aufgerissen. Sie sah beinahe selbst aus wie eine Hexe. Jonathan, der immer noch hinter dem Gebüsch kauerte, konnte sich nicht bewegen. Er war wie gelähmt, konnte nicht glauben, was er da hörte. Eva, seine wunderschöne, liebreizende Eva, wollte nichts weiter von ihm, als ein aufregendes Abenteuer, das nicht im Geringsten etwas mit Gefühlen zu tun hatte?

»Und ich dachte, zwischen dir und Jona könnte es ernst werden.«

»Was soll denn da ernst werden?«

»Ich dachte, du magst ihn.«

»Das tue ich auch.«

»Ich meine so richtig. Wie ich und Clementina uns mögen.«

Eva verengte die Augen.

»Niemals. Glaubst du allen Ernstes, ich möchte die Frau eines Hexenbalgs werden?«

Als Eva die verletzenden Worte ausgesprochen hatte, hüllte die nächtliche Stille die jungen Menschen wie ein Pelzmantel ein. Nur das leichte Rauschen von den Blättern in den Baumkronen war noch zu hören.

Jonathan achtete nicht darauf, unbemerkt an das Feuer zu treten. Äste knackten und der Schnee knirschte unter seinen Füßen. Eva fuhr herum und blickte in seine vor Wut und Enttäuschung funkelnden Augen.

»Jona, du bist ja schon zurück.«

»Schon eine Weile.«

Jonathan griff nach den Beuteln auf dem Boden. Einen davon drückte er Thomas in die Arme, dann entzündete er die gelöschte und eine weitere Fackel, die gleichzeitig ihre letzte Lichtquelle darstellte. Eine hielt er Eva hin, bevor er das Lagerfeuer austrat.

»Ich denke, es wird Zeit zu gehen. Hier, in diesem Wald, werde ich keinen Moment länger verweilen.«

Thomas nickte und ging voraus.

»Aber, Moment mal, wir haben doch noch nicht gefunden, wonach wir gesucht haben.«

»Entschuldige, Eva. Aber ich meinte nicht dich. Nur Thomas und ich werden gehen. Du kannst gerne auf eigene Faust Geister jagen, du bist doch schließlich ein großes Mädchen.«

»Was soll das? Ich habe dich vor dem Tod bewahrt! Der Dorfmeister wird ...«

»Nichts wird er. Denn ich werde keinesfalls zurück nach Hoegst gehen. Das Leben wird einen anderen Weg für mich finden. Doch das geht dich nichts an. Und jetzt lass mich in Ruhe! Für immer!«

Die letzten, geschrienen Worte hallten durch den dunklen Wald. Thomas und Jonathan stapften durch den Schnee davon. Eva jedoch gab nicht auf. Sie sprang nach vorne und zerrte an Jonathans Beutel.

»Du gehst nirgendwohin. Ohne dich werde ich die Hexe nicht zu Gesicht bekommen. Die will doch nur dich.«

Grob packte Jonathan seinen Beutel und riss ihn Eva aus den Händen.

»So ist das also, du nutzt mich als Köder.«

»Wenn du es so ausdrücken möchtest, ja!«

»Du hinterhältiges Miststück. Lass mich los, sonst vergesse ich mich.«

»Oh, muss ich nun Angst bekommen? Du kannst mir doch nichts anhaben. Würdest du der Frau, die du liebst, etwa ein Haar krümmen?«

Jonathan griff nach ihrem Handgelenk und drückte zu. Dabei zog er sie nahe an sich heran und zwang sie so, ihn anzusehen. Das Licht der Fackeln verwandelte Jonathans vor Wut verzerrtes Gesicht in eine teuflische Fratze.

»Schau mir in die Augen, Eva. Ganz tief. Nur kurz werden die Schmerzen sein, bevor der Tod dich holt. Nur wenige Sekunden voll Pein. Vertraue mir, ich habe Erfahrung. Ich verspreche, ich werde mich beeilen. Und das Einzige, was ich hinterlasse, sind ein paar schwarze Punkte in deinen lügnerischen, hübschen Äuglein.«

Auf einmal schlug etwas auf seinen Unterarm.

»Lass sie los, Jona! Sofort!«, befahl Thomas.

Der stechende Schmerz zwang ihn, von Eva abzulassen.

Geschockt starrte Eva Jonathan an, der sie losgelassen hatte, aber keinen Schritt von ihr zurückgewichen war.

»Schwarze Magie«, stotterte Eva eingeschüchtert und stolperte von Jonathan fort.

»Und wenn es so wäre?«

»Hör jetzt auf und komm mit«, forderte Thomas, doch Jonathans Wut hatte sich ins Unermessliche gesteigert.

»Los, sag es. Was wäre, wenn ich die gleiche Macht hätte wie die Hexe – meine Mutter? Würdest du dann vor mir fliehen, anstatt mich als Köder und Gaukler für deine kranke Abenteuerlust zu missbrauchen?«

»Bleib weg von mir, Jona!«

»Nein«, sagte er mit dunkel verstellter Stimme und trat erneut nahe an sie heran. Ja, er wollte ihr Furcht einjagen. Furcht, die sie bis ans Ende ihrer Tage verfolgen sollte. Sei es in Erinnerungen, sei es in ihren Träumen. Sie hatte ihn nur ausgenutzt. Hatte ihm vorgespielt ihn zu mögen, seine Freundin zu sein, dabei war es ihr stets nur um ihren Spaß gegangen. Und er hatte sich in sie verliebt. Wie konnte er nur so blind gewesen sein?

Er breitete die Arme über seinem Kopf aus und sprach:

»Du willst die Hexe sehen? Vergiss die Hexe, vor dir steht der mächtigste schwarze Magier, den die Welt je gesehen hat. Ich war es, der die Tiere getötet und ihnen den Lebenssaft entzogen hat. Ja, auch ich muss trinken und am liebsten trinke ich frisches, warmes Blut.«

»Hör endlich auf, Jona, es reicht. Übertreib es nicht.« Doch wie oft Thomas auch auf ihn einredete und versuchte von Eva fortzuziehen, sein Freund blieb unbeirrt vor der ängstlichen Frau stehen.

»Doch weißt du, Eva, was noch viel besser schmeckt als der Saft der Tiere? Na, kannst du es erraten? Genau, M e n s c h e n b l u t!«

Eva begann zu schreien. Und je lauter Eva schrie, desto hysterischer lachte Jonathan. Das Fieber der Vergeltung durchströmte seine Adern und die Gier, Furcht zu entfachen, loderte wie eine Flamme in seinem Körper. Er wollte, er konnte nicht aufhören, obwohl tief in seinem Inneren noch ein Fünkchen Verstand versuchte, ihn zu zügeln. Was tat er hier eigentlich? Das war doch nicht er – Jonathan, der kleine Junge aus Crumbach, der nichts weiter wollte, als alleine, in Frieden, am Ufer der Mümling zu sitzen.

War er zu einem Monster geworden? Nein, nur ein Gedanke für die Dauer eines Wimpernschlags. Jonathan sah Eva vor sich, ängstlich, frierend. Einen Arm um sich selbst geschlungen, den anderen abwehrend ihm entgegengestreckt. Als wenn es ihn aufhalten konnte. In nur wenigen Minuten war es zur Fremden geworden; das Mädchen, das er geliebt hatte, das ihn benutzt hatte.

»Es tut mir leid, Jona«, entschuldigte sie sich überraschend. Ihre Tränen waren innerhalb von Sekunden versiegt. Schnell fand sie wieder zurück in ihre Rolle.

»Es muss schwer sein, eine Hexe zur Mutter zu haben. Ich kann verstehen, dass du nicht einsehen willst, dass sie abermals deinetwegen mordet. Lass sie uns zusammen überführen, dann werden die Hoegster dich anerkennen und achten.«

»Du glaubst, mit diesem Gerede besänftigst du mich?« Jonathan schüttelte den Kopf. »Es ist mir egal, was die Hoegster über mich denken, denn ich kehre nicht mehr zurück. Und eins solltest du dir merken, Hexenjägerin, mit Genefe hat das hier alles nichts zu tun, auch wenn du es dir noch so sehr wünschst.«

»Du glaubst doch nicht, dass es ein Tier gibt, das Ziegen und Schweine aussaugt, einen Menschen töten kann und dabei solche Spuren hinterlässt. Dies ist das Werk der Hexe, deiner Mutter!«

»NENN SIE NICHT SO!«, schrie Jonathan Eva an.

»Wie soll ich sie nicht nennen? Mutter?«

»Halt deinen Mund!«

»Sie ist deine Mutter! Mutter! Mutter!«

Plötzlich geschah alles auf einmal. Jonathan fing an zu schreien, warf die Fackel in den Schnee und stürzte sich auf Eva. Sein schwerer Körper brachte beide zum Straucheln.

Alles ging so schnell, dass Thomas nicht rechtzeitig reagieren konnte, um das Schlimmste zu verhindern. Er sprang nach vorne, fasste Jonathan an seinem Überwurf und rettete ihm das Leben, nicht aber Eva. Sie versuchte sich an Jonathan festzuklammern, doch ihre Hand bekam ihn nicht mehr zu fassen. Rücklings stürzte sie schreiend in den Abgrund, wo die Finsternis sie verschluckte. Die Männer hörten ihren Körper auf die Felsen aufschlagen, dann folgte Stille.

***

Die Fackeln waren erloschen. Ohne jegliche Regung standen Jonathan und Thomas wenige Meter von der tödlichen Tiefe entfernt.

Er hatte sie getötet. Wie hatte es nur so weit kommen können? Vielleicht träumte er. Vielleicht war das alles gar nicht passiert. Die kalte Hand auf seiner Schulter aber fühlte sich echt an.

»Jona, wir müssen hier weg«, flüsterte Thomas.

Jonathan reagierte nicht. Der Schock über das, was geschehen war, über das, was er getan hatte, lähmte jeden Muskel in seinem Körper.

»Jona, ich bitte dich. Wir müssen fort. Wir sind nicht allein.«

7. Flucht

Sie hasteten durch das Unterholz – ohne Ziel, ohne zu wissen, ob ihre Füße sie zurück Richtung Stadt oder noch tiefer in den Wald trugen. Es war kaum möglich, in der Dunkelheit umgefallenen Baumstämmen oder Hasenbauten auszuweichen oder darüber zu springen. Thomas stolperte und stürzte mit einem grunzenden Laut in den Schnee. Sofort war Jonathan zur Stelle und half seinem Freund auf. Thomas stöhnte vor Schmerz. »Mein Fuß! Ich bin umgeknickt.«

Jonathan legte sich Thomas' linken Arm über die Schulter. Zusammen humpelten sie weiter.

Seine Gedanken jagten und überstürzten sich, innere Bilder, Tagträume, Erinnerungen stürmten auf ihn ein und brachten sie schließlich erneut zu Fall. Unfähig sich hochzustemmen, blieb er im Schnee- und Blättergemisch liegen. Sein rasendes Herz pochte wild gegen seinen Brustkorb. *Raus mit dir, Herz – raus!*, schrie es in seiner Seele. *Lass mich sterben, ich will nicht mehr, ich will nicht mehr.*

Thomas aber gab dem Tod keine Chance, nach Jonathan zu greifen. Er stemmte sich hoch, packte seinen Freund am Oberarm und zog ihn mit Gewalt auf die Beine. Doch Jonathan sank wieder in die Knie.

»Verflucht noch mal, wer hat hier einen verletzten Fuß? Du oder ich? Mach jetzt keinen Mist und lauf!«

Jonathan machte keine Anstalten, dem Befehl zu gehorchen. Da traf Thomas' flache Hand unerwartet Jonathans Gesicht. Ein stechender Schmerz brannte auf seiner Wange.

»Wenn du jetzt aufgibst, bring ich dich um!«

War es nicht das, was er am liebsten getan hätte? Aufgeben? Er hatte keinen Drang mehr fortzurennen. Wie oft war er schon vor etwas geflohen? Sollte das Biest ihn doch holen ... Erneut begann seine Wange zu brennen. Er schmeckte Blut. Thomas packte ihn an beiden Schultern und schüttelte ihn so sehr, dass sein Kopf in den Nacken fiel und seine Zähne schmerzhaft aufeinander schlugen.

»Zu Hause warten Hilde und Klara auf dich, hast du das vergessen?«

Jonathan versuchte, das Rauschen in seinem Kopf zu verbannen. Hilde? Klara? Er hatte sie alleine gelassen, für diese törichte und gefährliche Jagd!

Seine rechte Hand krallte sich in Thomas' Arm, der ihm half, auf die zittrigen Beine zu kommen.

»Los, dort hinauf!« Thomas zeigte zu einer Böschung, wo ein schwaches Licht loderte.

»Sind wir dort sicher?«

»Woher soll ich das wissen? Aber dort ist Licht. Und allein das ist es wert, die Gefahr einzugehen.«

8. Tod

Thomas' hoffnungsvolles Licht entpuppte sich als Öllampe. Ihr Schein beleuchtete die Tür einer alten Holzhütte, deren Dach mit Moos bedeckt war. Ihre wettergegerbten Läden waren geschlossen, doch aus dem Schornstein drang Rauch. Als Thomas zielstrebig auf die Hütte zuhumpelte, griff Jonathan nach seinem Arm.

»Du willst doch nicht da rein?«

»Wo sollen wir denn sonst hin? Willst du hier draußen bleiben, das Vieh ist doch noch hinter uns her.«

»Woher willst du das wissen? Hast du es nochmal gehört?«

»Stille bedeutet gar nichts. Außerdem ist mir kalt und mein Fuß schmerzt. Ich kann nicht mehr weiter. Lass uns Hilfe holen.«

»Hilfe, in einer alten Holzhütte, mitten im Wald?«

»Ja, vielleicht nur ein einsamer Einsiedler, der aber bestimmt eine lauwarme Suppe auf dem Feuer hat. Mir ist es egal, was du machst, Jona, ich klopfe jetzt an diese Tür.«

Jonathan gab sich geschlagen und folgte mit einem unguten Gefühl seinem Freund.

Als sie nur noch knapp ein Dutzend Schritte von der Hütte trennte, öffnete sich knarrend die Tür. Ein gebeugter Mann schaute heraus und sah ihnen entgegen. Sein Alter konnte Jonathan auf die Entfernung nicht schätzen. Der Bucklige trat ein Stück in den Wald hinein, dann gestikulierte er wild mit den Armen.

»Siehst du Jona, eine Einladung.«

Der Fremde wartete an der Türschwelle, winkte und rief ihnen zu: »Schnell. Kommt herein, kommt herein. Dort draußen lauert Gefahr! Kommt, eilt euch.«

***

Die Hütte war spärlich eingerichtet. In ihrer Mitte stand ein verwitterter Holztisch mit zwei ungleichen, wackeligen Stühlen. Ein modriger Geruch ging von den Strohsäcken aus, die dem Einsiedler an der gegenüberliegenden Wand offenbar als Nachtlager dienten. Oder war es ihr Gastgeber selbst, der diesen unangenehmen Duft verströmte? Jonathan rümpfte die Nase und betrachtete den Fremden genauer. Beim ersten Hinsehen fiel ihm nichts Ungewöhnliches auf; ein kleiner, buckeliger Mann mit langen, verfilzten, teils grauen Haaren, die er zum Zopf zusammengebunden trug. Seine Kleidung war schäbig und voller undefinierbarer Flecken, die Sohlen seiner Schuhe durchgelaufen. Um seinen Hals lag eine Kette aus Leder, an der Amulette baumelten. Erst auf den zweiten Blick erkannte Jonathan, dass es sich hierbei um kleine Knochen handelte. Seine rechte Hand hielt eine alte Jagdschneide umklammert. Vom Messer aus wanderte Jonathans Blick hinauf zum Bart des Einsiedlers.

Eine Falle! Das ist eine Falle!

»Ihr habt gewiss Hunger«, meinte der Fremde, »ich habe einen Eintopf gemacht. Zieht eure nasse Kleidung aus und setzt euch.«

Thomas rieb sich längst die Hände über dem Feuer.

»Bittest du öfter Wanderer auf einen Eintopf in dein Haus?«, fragte er ihren Gastgeber.

»Ich freue mich über Gesellschaft. Hätte ich euch draußen erfrieren lassen sollen?«

Jonathan reagierte nicht. Er starrte nur weiter auf den Bart des Fremden.

»Wir haben uns einander noch nicht einmal vorgestellt«, lenkte der Einsiedler ab und streckte Thomas seine linke, von Narben übersäte, Hand hin. »Mein Name ist Wendel.«

Wenige Wimpernschläge lang blieb Thomas regungslos stehen, dann schlug er die Hand des Kauzes brutal zur Seite.

»Wendel?«, wiederholte er. »Wendel, der Irre. So hat man dich genannt, als sie dich aus Breuberg verjagten!«

Ein schiefes Lächeln stahl sich auf die Lippen des Einsiedlers. Ein Lächeln, das Jonathan Bestätigung schenkte. Denn auf seinen Zähnen erkannte er das Gleiche, das auch den Bart des Fremden zierte – Blut!

»Jona, wir gehen, sofort.«

Jonathan hetzte Richtung Tür, noch bevor es Thomas ausgesprochen hatte. Der Ausgang aber blieb versperrt. Er rüttelte mit aller Kraft, doch das alte Holz gab nicht nach.

»Lass uns raus!«, schrie Thomas Wendel an, der mit vor der Brust verschränkten Armen vor dem Feuer stand und grinste.

»Mach die verdammte Tür auf!«

Wendel schüttelte den Kopf. Thomas schnaubte wütend und stampfte geradewegs auf die einzige, noch in der Hütte vorhandene, Tür zu. Der Sonderling verharrte unbeirrt in seiner überlegenen Haltung. Jonathan betete in Gedanken, dass diese Tür sie in die Freiheit führen würde. Sich dort noch ein Weg nach draußen befand. Thomas stieß Wendel grob in die Seite, warf einen im Weg stehenden Schemel quer durch den Raum, bis er endlich die Tür erreichte und sie öffnete. Jonathan folgte ihm und bereute es sofort. Die winzige Kammer, in die sie stolperten, wurde mit nichts als einer Kerze erhellt, doch diese reichte aus, um ihnen das Grauen darzubieten. Tote, ausgesaugte Tierkadaver hingen an Schnüren wie Marionetten von der Decke. Durch das Aufstoßen der Tür und den dadurch entstandenen Luftsog schwangen die grausam zugerichteten Körper hin und her.

Der Gestank nahm Jonathan und Thomas den Atem. Sie waren in eine Falle geraten. Die Bestie hatte sie mit offenen Armen empfangen und sie hatten die Einladung angenommen.

»Jonathan«, hauchte Thomas ihm zu. »Wir drehen uns jetzt um, rennen ihn über den Haufen und dann nichts wie weg hier.«

Jonathan nickte. Als sie sich umdrehten, sah Wendel sie mit einem Grinsen an, das ihnen das Blut in den Adern gefrieren ließ.

»Ihr könnt nicht gehen«, begann er, »Ihr bekommt doch noch Besuch.«

Jonathan spürte, wie Thomas ihn fragend ansah, doch er ignorierte die unausgesprochene Frage und wandte sich stattdessen wieder an Wendel: »Warum tötest du?«

Wendel zuckte mit den Schultern. »Weil ich Hunger habe und mir dieser Ritus, diese Narretei etwas gibt, wonach ich mich lange gesehnt habe – Befriedigung.«

»Narretei? Befriedigung? Du bist barbarisch.«

Langsam traten sie aus der Kammer heraus, schlossen die Tür vor dem grauenerregenden Bild und drängten Wendel immer weiter in den Hauptraum zurück.

»Du ernährst dich von Blut?«, horchte Jonathan ihn weiter aus.

Wendel grinste und nickte.

»Aber warum tötest du Menschen? Gibt es nicht genug Tiere in den Wäldern?« Wendel winkte ab.

»Du meinst den Bub aus Hoegst? Der war eine Ausnahme. Menschenblut schmeckt mir nicht besonders.«

»Warum Michel?«

»War er ein Freund von dir, Jonathan?«

»Woher kennst du meinen Namen?«

Wieder dieses unsägliche Lächeln.

»Ich weiß so einiges über dich.«

»Woher?«

»Es wurde mir erzählt.«

»Von wem?«

»Erwähnte ich schon, dass Ihr noch Besuch bekommt?«

»Lass uns endlich hier raus!«, schrie Thomas Wendel an und packte ihn am Kragen. »Du wirst uns nicht töten, hast du verstanden?« Erschrocken ließ der Einsiedler sein Messer zu Boden fallen. Jonathan trat danach und beförderte es aus der Reichweite des Verrückten.

»Ick ... Ickhh ... will gar nick ...«, stammelte er.

»Lass ihn los, Thomas. Bring ihn nicht um«, heischte Jonathan und rüttelte am Arm seines Freundes, damit er Wendel Luft zum Atmen ließ.

»Besser ich ihn als er uns oder siehst du das anders?«

»Ich will wissen, woher er mich kennt.«

Kurz hielt Thomas inne, dann sagte er: »In Ordnung«, stieß die Bestie auf einen der wackeligen Holzstühle, fixierte ihre Hände mit den seinen an den Lehnen und drückte seine unverletzte Hacke in einen Spann Wendels.

»Also dann, du barbarische Missgeburt, erzähl es uns. Woher kennst du Jona und welchen Besuch erwartest du noch? Hast du ein paar Tiere eingeladen, die unwissend schon bald in deiner Sammlung hängen werden?«

»Wenn du mich loslässt, zeige ich es euch.«

»Du glaubst, wir sind so dumm, dass wir dir folgen?«

»Es ist nicht weit. Ihr müsst mir nur in die Kammer dort drüben folgen.«

»Du hältst uns wirklich für Narren.«

»Narren, die gewiss gemeinsam mit ihrer Gefährtin den Weg zurück nach Hause antreten möchten.«

»Eva ist da drin?« rief Jonathan aufgeregt. »Sie lebt? Aber … ich habe sie nicht gesehen.«

»Ja, sie lebt und hat großes Glück gehabt. Sie ist mir beinahe in die Arme gefallen.«

»Warum habe ich sie nicht gesehen?«

»Hast du nicht? Hast du nicht die Gestalt gesehen, die in der Dunkelheit auf euch gewartet hat?«

»Hast du ihr etwas angetan?«

»Ich habe ihr Leben gerettet, du Nichtsnutz!«

»Bring mich zu ihr!«

»Das wollte ich doch die ganze Zeit schon.«

»Eva ist also der Besuch?«, wollte Thomas wissen, während er Wendel losließ und ihm gestattete aufzustehen, um sie zu Eva zu führen.

Der unheimliche Einsiedler reagierte nicht, stattdessen öffnete er die Tür und sie traten zurück in die Kammer des Grauens.

»Wo ist sie?«, fragte Jonathan.

Wendel kicherte zur Antwort, dann schlug er die Tür ins Schloss. Der Luftzug löschte die Kerze. Jonathan und Thomas standen im Dunkeln. Die Freunde hielten den Atem an. Es herrschte Stille. Jonathan glaubte, Thomas' Herz schlagen zu hören. Er drehte sich um, rüttelte an der Tür, doch irgendetwas im angrenzenden Raum blockierte sie. Sie waren gefangen. Jonathan trat keinen weiteren Schritt in den Raum hinein, zu groß war die Angst, eines der toten Tiere zu berühren, von denen einige bis auf Schulterhöhe von der Decke hingen.

»Solch eine Torheit! Haben wir unser Hirn im Wald gelassen?«, schimpfte Thomas aufgebracht. »Wenn wir hier raus sind, bring ich ihn um!«

Jonathan überging Thomas' Worte und fragte in die Dunkelheit: »Eva? Bist du hier? Eva? Eva?«

»Hör auf, Jona. Eva ist nicht hier. Wendel ist ein irrer Kranker. Sie ist nicht hier. Nicht einmal in der Nähe. Eva ist tot.«

»Hör auf, so zu reden. Ich will hier raus. Sofort. Verstehst du, einfach raus und ganz weit fort von diesem Ort.«

Eine Stimme erklang aus der Dunkelheit: »Niemand hier wird fortgehen.« Ein Licht wurde entflammt, ein sanftes Flackern, das den Raum erhellte.

Jonathan konnte nicht glauben, was er sah. Doch er hatte nicht das Gefühl, den Verstand zu verlieren oder zu träumen. Er sah sie an, die Gestalt, die eine Kerze hielt und ihn zurückversetzte in eine vergangene Zeit, die er für immer vergessen wollte. Obwohl sie die Haube tief in das Gesicht gezogen hatte, konnte er ihre schwarzen Locken sehen. Er kannte diese feinen Hände, die das

Talglicht umschlossen. Diese zartgliedrigen Finger, die keine Kraft aufwenden mussten, um Leben zu zerstören. Sie musste die Kapuze nicht zurückschlagen, um sich zu erkennen zu geben, Jonathan wusste, wer vor ihnen stand. Sein Herz krampfte sich schmerzhaft zusammen. Angst pochte wie kochendes Wasser durch seine Adern. *Sie tut dir nichts, sie tut dir nichts*, versuchte er sich in Gedanken zu beruhigen.

Die Gestalt stellte die Kerze vorsichtig auf einen kleinen Schemel. Dabei musste sie mit einer Hand einen hängenden Fuchskadaver zur Seite drücken. Sie wandte sich den stumm dastehenden Männern zu. Doch es war nur Jonathan, den sie mit ihren stahlblauen Augen fixierte, als sie die Kapuze nach hinten schlug.

»Ich grüße dich, mein Sohn«, sprach sie warmherzig, als wäre es ein täglicher Gruß zwischen zwei vertrauten Menschen.

»Wage es nicht, mich so zu nennen«, drohte Jonathan. Er hielt die Arme fest an die Seiten seines Körpers gepresst, um sein Zittern zu kontrollieren.

»Begrüßt man nach so langer Zeit auf diese Weise seine Mutter? Groß bist du geworden, Jonathan.«

»Du bist nicht meine Mutter.«

Ein schiefes Lächeln verzerrte Genefes Gesicht.

»Jona, Jona, Jona. Genau aus diesem Grund bist du nun hier. Ich werde dich heilen. Werde dir helfen, diese Hilde aus deinen Gefühlen und deinem Kopf zu verbannen. Endlich sind wir wieder vereint.« Sie streckte ihm ihre Hand entgegen. Jonathan zuckte zurück.

»Du glaubst, ich komme mit dir? Niemals werde ich dir folgen, egal wohin. Ein Jammer, dass dich kein Pfeil getroffen hat.«

»Oh doch. Mich traf ein Pfeil. Er streifte mich an meinem Oberschenkel. Es war mein Glück, denn mit ihm konnte ich mich von den Fesseln befreien, die dein Vater mir umgelegt hatte.«

»Es war Vaters größter Fehler, dich laufen zu lassen.«

Wieder lächelte Genefe. Sie schüttelte leicht den Kopf.

»Er hätte es nicht ertragen, mich sterben zu sehen. Er hätte weder die Fackel noch die Axt führen können. Er hat mich einst geliebt. Er sprach das Todesurteil und doch hatte er Angst davor, es selbst zu tun. Wer von den lächerlichen Bauern hätte den Mut gehabt, mich hinzurichten? Niemand. Nicht einmal Veit, nicht Jakob. Sie hatten die Chance mich zu töten, ohne in meine Augen zu sehen. Lediglich in meinen Rücken mussten sie zielen. Niemand aber glaubte an meine Schnelligkeit. Wieder einmal unterschätzten die Crumbacher mich. Ich töte mit meinen Händen, doch meine Füße sind es, die mich tragen. Ich renne so schnell, wie meine Finger richten.«

Thomas war herangetreten. Seine Schulter berührte die Jonathans und gab ihm etwas Sicherheit.

»Was hat das alles mit diesem Wendel zu tun? Gib zu, du hast die Tiere gerissen und Michel getötet. Nicht nur eine Hexe – ein Monster, eine blutsaufende Bestie.«

Genefe lachte laut auf.

»Oh nein. Blut ist nicht meine bevorzugte Speise. Wendel war Mittel zum Zweck. Er fand mich nach der erfolglosen Hinrichtung am Ende meiner Kräfte und mit einem verstauchten Knöchel im Wald. Er half mir und brachte mich in diese Hütte. Er gab mir zu essen und Tierblut zu trinken, bis ich meine alte Stärke wiedererlangt hatte. Nach einigen Wochen verließ ich den geisteskranken Einsiedler und streifte durch die Wälder, bis der Ruf nach Vergeltung mich überwältigte. Ich konnte an nichts anderes mehr denken und schmiedete Pläne. So führte mein Weg mich zurück zu Wendels Hütte. Ganz wie es meine Absicht war, konnte ich ihn für meine Zwecke nutzen. Er war mir verfallen mit Haut und Haar. Nach nur kurzer Zeit und wenigen Bitten, tat er mir den Gefallen, die Kadaver an verschiedene Orte rund um Crumbach zu legen und eine Art Ritual aus seinen Mahlzeiten zu machen. Ich versetzte das Dorf in Angst und Schrecken, darauf hoffend, dass sie dich vertreiben würden. Ich wollte dich endlich bei mir haben. Dich, meinen Sohn. Doch ich wagte mich nicht mehr in Orte und Städte. Ich wusste, sie würden mich erkennen und nochmals würden sie nicht so leichtsinnig sein. Deshalb ließ ich mir etwas einfallen, wie ich dich aus dem Ort locken konnte. Schon damals hattest du keine Angst das Haus zu verlassen, obwohl du wusstest, dass ich dort draußen war. Dann hörte ich von deinem Auszug nach Hoegst vor ein paar Jahren und musste dort wieder von Neuem beginnen… «

»Das heißt, du hast Wendel dazu gebracht, sich an einem Menschen zu laben?«

Ihre Augen, die bisher nur auf Jonathan gerichtet waren, bewegten sich nach rechts und fixierten Thomas. Ein abgrundtief böser Blick, doch Thomas schien keine Furcht zu haben, er hielt ihm stand.

»Ein schlauer Mann bist du geworden, Müllersjunge. Schon als Heranwachsender warst du mir ein Dorn im Auge. Warum habe ich dich damals nicht getötet?«

Mit diesen Worten schnellte ihre Hand nach vorne. Der Handrücken zeigte nach unten während ihre langen Finger sich angestrengt, als würden sie einen Apfel zerquetschen wollen, zusammenpressten. Dabei öffnete sie weit ihre Augen, in denen Jonathan das Todesmal erkannte: schwarze Punkte! Schweißperlen glitzerten im Kerzenschein auf ihrer Stirn und ihre Halsschlagader pochte so stark an ihrem Hals, dass Jonathan sie sehen konnte. Ein gequälter Schrei riss ihn von dem Anblick der Hexe los.

Thomas kniete am Boden. Seine rechte Hand drückte er auf seinen Brustkorb, als schützte er sein Herz davor herauszuspringen. Seine geschlossenen Augenlider flatterten und sein Mund war schmerzverzerrt, doch nur ein Stöhnen drang zwischen den Lippen hervor. Thomas' Qual war greifbar. Wie eine Flamme züngelte sie Jonathan entgegen und raubte ihm den Atem. Nur langsam realisierte er, was geschah – zu langsam.

»Nein«, hauchte er. Es war eher ein Flehen als ein Befehl. Er kniete sich neben seinen Freund und legte eine Hand auf seine Brust.

»Geh aus dem Weg!«, forderte Genefe.

»Niemals! Lass von ihm ab. Du wirst ihm nicht dein Mal hinterlassen.«

»Ich sage es nur noch ein einziges Mal, Jonathan. Trete zur Seite oder ich töte euch beide.«

Der Sohn der Hexe lachte auf.

»Hörst du dich reden? Hörst du dich reden, *Mutter?* Du drohst mir mit dem Tod? Nach alldem, was du für mich aufs Spiel gesetzt hast? Das ist lächerlich. Nein, ich habe keine Angst vor dir. Keinen Schritt werde ich tun. Lass von ihm ab, *Mutter.*«

Das Wort *Mutter* kam über seine Lippen, als wäre es ein Stück giftigen Pilzes, das er ausspuckte.

Genefes Finger drückten sich noch einmal kräftig zusammen. Mit seiner letzten Kraft schrie Thomas seinen Schmerz hinaus. Dann kippte er zur Seite und blieb regungslos mit halb geöffneten Augen liegen, in denen schwarze Punkte Jonathans Wut zum Kochen brachten.

»Schluss jetzt!«

Genefe zuckte zusammen. Jonathans Schrei musste bis nach Hoegst zu hören gewesen sein.

Er stand auf und schritt mit geballten Fäusten auf die Hexe zu. Dunkel waren seine blauen Augen geworden, in denen der Zorn loderte. Fest presste er die Zähne aufeinander, bis es schmerzte. Ein Knurren drang durch sie hindurch. Der Raum schien zu schrumpfen und Jonathan zu wachsen.

»Schluss jetzt!«, schrie er erneut. »Du hast ihn umgebracht. Meinen besten Freund! Schon wieder greifst du in mein Leben ein, schon wieder entfachst du Angst. Diesmal wirst du nicht entkommen, das schwöre ich!«

Genefes Hand war gesunken. Sie starrte ihren Sohn an, als könnte sie nicht glauben, dass die Worte, die sie hörte, aus seinem Mund stammten.

»Was willst du tun? Mich vor Gericht bringen oder mich der Kirche ausliefern?«

Jonathan blieb kaum einen halben Meter vor der Hexe stehen, dann schüttelte er den Kopf.

»Damit wieder ein Dummer einen Fehler begeht? Niemals.«

»Was ist es dann, das du zu tun gedenkst?«

»Ich richte dich selbst.«

Nun war es Genefe, die auflachte.

»Mich richten? Deine eigene Mutter?«

Jonathan nickte.

»Sei kein Narr! Nicht mal dein Vater war dazu imstande.«

»Ich bin nicht Vater. Ich bin ich!«

Jonathans Blick war starr auf die Hexe gerichtet, nichts anderes nahm er noch wahr. Weder seinen toten Freund noch die Kadaver, die seine Schultern streiften. Seine Hände lagen eng an seinen Oberschenkeln und waren noch immer zu Fäusten geballt. Lediglich sein Atem hatte sich beruhigt. Ruhig und leise ging er, im Takt seines Herzens. Er wusste, was er zu tun hatte, er wusste, dass er es konnte, und er war sich sicher, dass er, im Gegensatz zu seinem Vater, den Mut dazu hatte.

Die Hexe wich vor dem jungen Mann zurück. Doch der Raum war klein und die Holzwand stoppte sie, kaum dass sie die ersten Schritte getan hatte. Jonathan folgte ihr, sah, wie sich ihr Kehlkopf bewegte, als sie schwer schluckte. Er machte ihr Angst. Er fühlte es, er sah es ihr an. Sah, wie ihre Nasenflügel bebten und wie sie unaufhörlich blinzelte. Seine Mundwinkel verzogen sich nach oben. Es gefiel ihm, wie sie vor ihm stand. Klein und gebeugt, so wie er sie noch nie zuvor gesehen hatte. Eine alte, gebrechliche Frau, in der der Teufel wohnte. Er stellte sich vor sie und wischte sich den Schweiß von der Stirn.

»Du bist gar nicht in der Lage zu töten, Jonathan. Du weißt nicht, wie es ist, wenn ...«

»Schweig!«, fuhr er sie an. »Ich habe schon einmal getötet.«

»Du meinst das Mädchen im Wald? Ein lächerlicher Unfall, kein Mord. Nein, mein Junge, du wirst nicht Hand an mich legen.«

Für den Bruchteil einer Sekunde schlug Jonathan die Augen nieder.

»Du hast recht, Mutter«, flüsterte er ihr zu. Dann beugte er sich langsam, ganz langsam zu der Frau hinunter, die ihn vor zwanzig Jahren geboren hatte. Beinahe berührten sich ihre Nasenspitzen. Noch einmal sah er ihr in die Augen, sah die Punkte darin, die sie zu dem machten, was sie war: ein abgrundtief böses, vom Hass besessenes Weib. Er roch die Fäulnis aus ihrem Mund – den Gestank der Hexe. Dann schnellte seine Faust nach vorne. Mit einem würgenden Laut krümmte sich Genefe unter dem Schlag, schlang beide Arme um ihren Körper und spuckte Blut. Sie versuchte Luft zu holen, doch ihre Rippen waren gebrochen und schenkten ihr nicht einen einzigen Atemzug.

Jonathans Hand hatte sie nicht berührt. Kaum mehr als einen Fingerbreit vor ihrem Leib hatte er innegehalten. Die Wucht und Gewalt aber drangen in sie hinein. Genefe lag nur einen Schritt von Thomas' Leiche entfernt. Über ihnen baumelten die toten Tiere. Ein bizarres Bild, doch Jonathan hatte um sich herum alles vergessen. Die Kadaver, Wendel, der noch im angrenzenden Raum weilte und seinen toten Freund. Er hatte nur Augen für die Hexe, die mit verzerrtem Gesicht am Boden lag und Qualen litt. Ihre Zähne waren mit ihrem eigenen, erbrochenen Blut besudelt. Jonathan kniete sich zu ihr hinunter. Er zwang ihre Arme zur Seite und hielt seine linke Hand über ihren Bauch, dann beugte er sich erneut ganz nahe zu ihr und flüsterte: »*Schau dich nicht um, der Tod geht um, meine Rache ist hiermit beendet.*«

Mit einer einzigen, ruckartigen Bewegung riss er die Hand zurück. Die Hexe bäumte sich noch einmal auf. Ihr Körper erschlaffte.

Ein Schrei! Jonathan fuhr herum. Wendel stand im Türrahmen. Jonathan hatte nicht bemerkt, dass der Einsiedler die Tür geöffnet hatte. Seine Augen waren so weit aufgerissen, dass Jonathan glaubte, seine Augäpfel würden jeden Moment hinausspringen. Plötzlich drehte sich Wendel um und eilte davon, gefolgt von Jonathan. Seine Mordlust war noch nicht gestillt, auch ihn würde er töten, ihn alleine mit seinen Gesten Qualen leiden lassen. Wendel aber warf auf seiner Flucht Tisch und Stühle um und machte es Jonathan schwer, ihm zu folgen. An der Tür, die nach draußen führte, blieb er stehen. Er sah Wendel hinterher, der mit wild rudernden Armen um sein Leben rannte. Es war keine Befriedigung, doch er wusste, dass die bluttrinkende Bestie nie wieder zurückkommen würde. Entweder würde sie erfrieren oder in einen Abgrund stürzen. Dort im Wald konnte Wendel nicht überleben.

***

Der Sohn der Hexe ging langsam zurück in die Hütte und betrat den Raum des Schreckens, wo sein Freund und seine Mutter zu Tode gekommen waren. Genefe lag noch an der gleichen Stelle, mit starren, offenen Augen, in denen ihr Todesmal stand. Jonathans Blick ruhte auf der Mitte ihres Körpers, der das Ausmaß seiner Macht demonstrierte. Er hatte sie nicht berührt und doch waren ihr Brustkorb und ihr Bauch aufgerissen. Darmschlingen hingen wie tote Schlangen aus ihr heraus und zu ihrer rechten Seite lag ihr Herz.

»Jona«, hörte er eine schwache Stimme, »Jona, hilf mir.«

Thomas! Thomas? Das konnte doch nicht sein. Er lebte. Er war zur Seite gekrochen. Fort von Genefes entstellter Leiche.

Schnell eilte er zu ihm hinüber.

»Thomas, oh Thomas, ich dachte, du wärst... Ich dachte, sie hätte dich umgebracht. Ich bin so froh, dass du lebst.«

Er hielt seinen Freund wie ein Kind im Arm, bis dieser sich schwach aus der Umarmung löste. Er sah zur Hexe.

»Um Gottes Willen, Jonathan. Was hast du getan?«

Jonathan schwieg.

»Wie lange weißt du schon von deiner Macht?«

Der Hexensohn schüttelte den Kopf.

»Ich wusste es nicht.«

»Du wusstest es nicht?«

»Nein.«

»Aber wie hast du das gemacht?«

»Ich tat es einfach. Ich war so wütend. Ich wollte, dass sie stirbt. Ich ... Ich folgte meinen Gefühlen. Ich ... Ich kann es dir nicht erklären.«

»Wie auch immer, Jona, bring mich fort von hier. Ich will raus aus diesem Schreckenshaus.«

Jonathan nickte und half Thomas auf die Beine.

9. Die Entscheidung

Der Morgenhimmel färbte sich von einem satten Rot in ein helles Purpur. Von den Ästen der Bäume fielen angetaute Schneereste herab. Der Waldrand lag direkt vor ihnen. Von hier aus konnten sie die Häuser von Hoegst sehen.

»Schau, Jonathan, wir haben es gleich geschafft. Lass uns kurz rasten. Dort vorn ist ein Baumstamm.«

Jonathan stützte seinen Freund und half ihm, sich auf dem Stamm niederzulassen. Sehnsuchtsvoll sah Thomas zur Stadt hinab. »Nicht mehr lang und wir sind zu Hause. Ich freue mich auf mein Bett und einen warmen Met. Danach bin ich wieder der Alte. Hoffe ich zumindest«, meinte er und blickte zu Jonathan hinauf. »Eigentlich sollte ich vor dir Angst haben. Ich habe zwar nur hinter einem Schleier deine Tat gesehen, aber das war schon furchteinflößend genug. Du bist mächtiger als deine Mutter, oder?«

Jonathan schüttelte den Kopf. »Ich will nicht darüber reden.«

»Du willst nicht darüber reden? Jona, du hast die Hexe von Crumbach gerichtet und die Bestie in die Flucht geschlagen.« Unsicher sah sich Thomas um. Jonathan folgte seinem Blick und versuchte ihn zu beruhigen.

»Wendel wird den Menschen nicht mehr gefährlich werden. Falls er die Nacht trotz der Kälte überlebt hat, was ich nicht glaube, dann wird er sich ganz sicher nicht mehr in der Nähe von Hoegst blicken lassen. Natürlich wird er sich weiter von Blut ernähren wie eine Fledermaus, doch er wird wie früher einen großen Bogen um die Menschen machen. Er ist und bleibt ein Einsiedler. Genefe muss schwarze Magie gegen ihn ausgeübt haben.«

»Wie geht es dir, Jona?«, fragte Thomas.

»Was meinst du?«

»Jona, du hast deine Mutter umgebracht. Und damit meine ich, du hast ihr nicht einfach einen Pfeil ins Herz gejagt oder ihr das Genick gebrochen, du hast sie ...« Thomas fehlten die Worte.

Jonathan fuhr sich mit der Hand über das Gesicht.

»Ich ... Ich fühle mich schwach.«

Thomas nickte und erhob sich stöhnend auf die Füße. Er klopfte seinem Freund auf die Schulter.

»Dann los, lass uns gehen, damit auch du einen Becher Met bekommst und wir uns von diesem Schrecken erholen können.«

»Nein.«

»Nein?«

»Thomas, ich kann nicht nach Hoegst zurück.«

»Aber warum nicht?«

»Ich habe getötet. Und es ist nicht nur die Hexe, die durch mich den Tod fand. Ich habe Eva in die Schlucht gestoßen. Hast du es etwa vergessen?«

Thomas sah betroffen zur Seite.

»Du hast es vergessen.«

»Nein! Wie könnte ich? Ich will die Bilder aus meinem Kopf bekommen, ihren Schrei, als sie stürzte. Ich will nicht darüber nachdenken.«

»Aber ich muss es. Wie stellst du dir das vor? Mittlerweile haben die Hoegster doch mitbekommen, dass wir uns zu dritt davongestohlen haben. Evas Vater ... Wie sollen wir ihm erklären, was geschehen ist?«

»Wir werden ihm genau das sagen, was geschehen ist. Eva ist in die Schlucht gestürzt.«

»Ich habe sie gestoßen!«

»Das muss doch keiner erfahren.«

»Ich könnte mit diesem Geheimnis nicht leben. Und auch, wenn wir schweigen, Eva war mit uns dort draußen. Ihr Vater wird uns hassen. Nein, ich kann nicht zurück nach Hoegst. Du gehst, Thomas. Du gehst nach Hause und erzählst, was geschehen ist. Sag ihnen die Wahrheit.«

»Aber ... Was ist mit dir? Wo willst du hin, Jona?«

Jonathan rang mit den Tränen. Er wusste, es wäre keine Schande vor Thomas zu weinen, doch würde die erste Träne fließen, so würden die folgenden nicht mehr versiegen. Es würde ihn schwächen und Schwäche konnte er sich nicht erlauben, schließlich hatte er einen langen Weg vor sich.

»Ich weiß es nicht«, sagte er mit belegter Stimme. »Schaffst du den restlichen Weg allein?«

Thomas nickte kaum merkbar.

»Willst du nicht nochmal darüber nachdenken?«

»Ich habe keine Zeit zum Nachdenken. Es ist für uns beide das Beste, vor allem für dich.«

Thomas ging ein paar Schritte Richtung Tal, dann drehte er sich zu Jonathan um.

»Ich werde dich vermissen, Jona.«

Jonathan lächelte schwach.

»Werden wir uns wiedersehen?«, fragte Thomas.

Jonathan reagierte nicht auf Thomas' Frage, stattdessen sagte er: »Versprich mir, dich um Hilde und Klara zu kümmern, bis mein Vater aus Crumbach zurück ist.«

»Was soll ich ihnen sagen?«

Kurz hielt Jonathan inne.

»Sag ihnen«, er schluckte schwer, »sag ihnen, dass ich sie liebe. Und jetzt geh.«

Thomas atmete tief ein, dann wandte er sich ab und humpelte Richtung Hoegst davon.

Schweren Herzens entfernte sich Jonathan Schritt für Schritt von seiner Heimat, seinen Freunden und seiner Familie.

***

Lange wanderte Jonathan entlang des Waldrands, durch Bäche hindurch und an ihm unbekannten Städten vorbei. Kein einziges Mal sah er zurück.

Am Abend darauf blieb er vor einem fremden Forststück stehen. Gewiss würden sie ihn suchen, ihn jagen und versuchen ihn zu töten, Jonathan aber spürte keine Furcht. Schließlich besaß er Macht, denn er war der Sohn Genefes. Ebenso war er der Sohn Hildes, deren große Liebe auch in seinem Herzen pochte.

Der Hexer atmete tief ein, dann verschwand er zwischen den Schatten der Bäume im Wald der Oden.

ENDE

Über Stefanie Bender

Stefanie Bender ist Novemberkind des Jahres 1984 und wuchs im Rhein-Main-Gebiet auf, wo sie auch heute mit ihrer Familie lebt. Ihre Leidenschaft ist das Schreiben fantastischer und historischer Geschichten sowie das Verknüpfen verschiedener Genres. Gemeinsam mit ihrem Mann ist sie der metallischen Musik, dem Gesellschaftstanz und der Möchtegern-Fotografie erlegen.

Waren es wirklich abgerichtete Jagdhunde, die eine junge Frau brutal zerfleischt haben?
Zwei Jahre nach dem schrecklichen Vorfall kommen Zweifel auf. Die Spuren führen die beiden selbst ernannten Ermittler Brandur Christensen, ein vom Dienst suspendierter dänischer Polizist, und Buchautorin Anja Kahrmann in die unwegsamen Wälder der Oberpfalz.
Dort, so erzählt man ihnen, streift der Seelenfresser durch die Wälder und nichts und niemand, so scheint es, kann ihn aufhalten …
Erscheint am 11. Juli 2015.

Schnell und ganz schön blutig – »Punk's Undead« mischt Partyfeeling, Bier, Punkrock und den brutalen Angriff einer Horde Untoter zu einer Highspeed-Melange, die es in sich hat: Laura folgt Olli und Kitty nach Kroation auf ein Undergroundfestival. Kurz darauf entbrennt ein Kampf auf Leben und Tod gegen finstere Nosferatu …

Erscheint am 29. August 2015.

Ein Dorf an der Nordsee. Rodacher ist zurückgekehrt, um im Ort seiner Kindheit das Reisebüro seines Vaters weiterzuführen. Doch jetzt, da die Nächte kalten Nebel von den Feuchtwiesen aufsteigen lassen und die Touristen verschwinden, kehren dunkle Bilder aus seiner Kindheit zurück. Erst scheinen die Schafe den Verstand zu verlieren, dann verschwindet seine langjährige Mitarbeiterin Maria Feinworth. Ein Mystery-Thriller, zwischen Stephen King und Twin Peaks!

Horror and more urteilt: „Rönum" kann was! Wer sich mal etwas von der Extrem-Literatur entfernen, einen herrlichen Schreibstil und leises Unbehagen spüren möchte, sollte einfach zuschlagen.

Mord im Landhaus. Jeder ist verdächtig. Das muss auch High-Society-Detektiv Christobal O'Leary erkennen.

Colonel Banks, erst kürzlich aus Indien zurückgekehrt, ist unter mysteriösen Umständen zu Reichtum gekommen – und zu einer kostbaren Juwelensammlung. Der Colonel möchte sie einigen handverlesenen Gästen zeigen, doch bereits in der ersten Nacht wird er ermordet und O'Leary bleibt nicht viel Zeit den Täter zu entlarven. Ein spannendes und unterhaltsames Whodunnit, bei dem kein Auge trocken bleibt.